新常态下
卫生计生系统
工会工作的实践与思考

浙江省卫生计生委工会工作委员会 编

中国工人出版社

抓根本　抓落实　抓提升
不断开创卫生计生系统工会工作新局面

浙江省卫生计生委党组成员、副主任
委直机关党委书记、委工会主任　包保根

包保根

为深入贯彻落实全国总工会《关于新形势下加强基层工会建设的意见》《关于在全国基层工会广泛开展“争创模范职工之家、争做职工信赖娘家人”活动的通知》、中国教科文卫体工会全国委员会《关于加强基层工会建设意见》、浙江省总工会《关于新形势下全省基层工会深入开展职工之家建设的实施意见》等文件指示精神，分析形势，总结经验，进一步推动卫生计生系统基层工会工作规范化建设，我们系统各单位做了不少努力，取得了较好成效。

2015年11月9日，中央全面深化改革领导小组召开了第十八次会议，习近平总书记主持会议并作了重要讲话。会议审议通过了《全国总工会改革试点方案》《上海市群团改革试点方案》《重庆市群团改革试点方案》。会议指出，推进党的群团改革，必须紧紧围绕保持和增强政治性、先进性、群众性这条主线，强化问题意识、改革意识，着力解决突出问题，把群团组织建设得更加充满活力、更加坚强有力。群团组织要坚定不移走中国特色社会主义群团发展道路，坚持党对群团工作的统一领导，把自觉接受党的领导、团结服务联系群众、依法依章程开展工作有机统一起来，在思想上、政治上、行动上自觉同党中央保持高度一致。要坚持为党分忧、为民谋利，从群众需要出发开展工作、深化改革，眼睛向下、面向基层，改革和改进机关机构设置、管理模式、运行机制，坚持力量配备、服务资源向基层倾斜。试点部门和地方要加强统筹协调，针对突出问题对症下药，标本兼治，积极创造可复制可推广的经验。

一、认识要进一步提高

新形势下加强基层工会建设，是巩固党执政的阶级基础和群众基础的必然要求，是服务科学发展、服务职工群众、维护职工合法权益、构建和谐劳动关系的重要保障。为进一步夯实教科文卫体系统工会基层基础，切实增强基层工会组织的吸引力、凝聚力，按照党中央加强和改进党的群团工作意见的要求，根据《中华全国总工会关于新形势下加强基层工会建设的意见》（总工发〔2014〕22号），中国教科文卫体工会全国委员会制定了《中国教科文卫体工会关于新形势下加强基层工会建设的实施意见》。

中国工会是党联系职工群众的桥梁和纽带，基层工会直接联系和服务职工群众，是工会全部工作的基础，是落实工会各项工作的组织者、推动者和实践者。全面建成小康社会、全面深化改革、全面依法治国、全面从严治党，对加强基层工会建设提出了新要求、新任务。新形势下加强基层工会建设，是巩固党执政的阶级基础和群众基础的必然要求，是服务科学发展、服务职工群众、维护职工合法权益、构建和谐劳动关系的重要保障。

卫生计生系统工会是以事业单位为主体、以知识分子为主要服务对象的产业工会。近年来，各级工会在卫生计生的事业改革发展中，主动适应职工队伍结构、劳动人事关系的新变化，在提高职工队伍整体素质、维护职工合法权益、构建和谐劳动关系、推动经济社会发展等方面发挥了重要作用。

但是，基层工会工作现状与形势任务要求、与党政的重托和职工群众的期盼，仍存在一定的差距，主要表现为：有的基层工会桥梁纽带作用发挥不够，工会工作还没有做到所有职工中去；劳务派遣工、农民工等非在编职工、临时聘用人员入会情况仍不理想；有的基层工会组织不健全、不规范的问题仍然存在；职工代表大会职权不落实、不到位的问题还比较突出；帮扶服务职工的长效机制没有很好建立，通过活动适应职工多样化需求、吸引凝聚职工的作用还不强；干部队伍素质与基层工会承担的工作职责还不太适应，服务职工的意识和能力仍需进一步提升。因此，我们各级工会要切实增强责任感和使命感，全面加强基层工会建设，努力开创基层工会工作新局面。

新形势下加强基层工会建设，要贯彻落实习近平总书记系列重要讲话精神，按照“三个着力”的要求，着力扩大覆盖面、增强代表性，着力强化服务意识、提高维权能力，着力加强队伍建设、提升保障水平，大力推进工会工作法治化建设，坚持依法建会、依法管会、依法履职、依法维权，努力把基层工会建设成为职工群众信赖的职工之家，把广大基层工会干部锤炼成为听党话、跟党走、职工群众信赖的“娘家人”。

新形势下加强基层工会建设，还要坚持从工会组织的性质和特点出发，努力建设“六有”基层工会。这是基础，也是前提。

二、任务要进一步明确

简要地说，新形势下加强基层工会建设的主要任务有四项。

一是要加强基层工会组织建设。要从巩固党执政的阶级基础和群众基础的高度出发，加强基层工会组织建设，积极依法推进事业单位工会组建工作。

二是要加强会员发展和会籍管理工作。加大会员发展力度，最大限度地把包括劳务派遣工、农民工等非在编职工在内的广大职工组织到工会中来，实现全覆盖，通过服务和活动吸引凝聚职工。推进会员管理工作制度化、规范化、信息化，做好会员登记和会员证发放工作，积极推进会员实名制管理，会员组织关系随劳动人事关系流动，完善“源头入会、凭证接转、属地管理”机制，畅通会员组织关系接转渠道。探索有效途径，实现劳务派遣公司工会会员与用人单位工会关系的对接。

三是要充分发挥基层工会的作用。

第一，教育引导职工。培育和践行社会主义核心价值观，提高职工的道德素养，加强师德、科研道德、艺德、医德及体育道德建设，激发职工奋发向上、崇德向善的正能量。深化“中国梦”、中国特色社会主义的宣传教育，大力弘扬劳动精神、劳模精神和工人阶级伟大品格，深入开展“中国梦·劳动美”教育实践活动。加强职工思想政治工作，重点做好青年职工的思想工作。加强职工文化建设，广泛开展职工文化体育活动。

第二，推动改革发展。引导职工以主人翁姿态支持、参与、推动改革，夯实全面深化改革的群众基础。以技术创新为重点开展社会主义劳动竞赛，深化合理化建议、技术攻关、技术革新、发明创造等群众性技术创新和建功立业活动。加强教研组、科室、班组建设，广泛开展“工人先锋号”和“劳模创新工作室”创建活动。

第三，履行维权职责。要把工会维权工作纳入党政主导的维护职工权益机制中来，立足我国基本国情和发展阶段，既旗帜鲜明地维护职工合法权益，又引导职工自觉维护社会和谐稳定。建立健全科学有效的利益协调机制、诉求表达机制、矛盾调处机制、权益保障机制。积极推动工会主席进入改革领导小组，参与重大改革事项和涉及职工利益重要事项的研究。紧紧围绕职工最关心最直接最现实的利益问题、最困难最操心最忧虑的实际问题，切实维护好广大职工的各项合法权益。密切关注劳动就业、工资报酬、社会保障等涉及职工切身利益的问题，特别是关注苗头性、倾向性、普遍性问题，及时反映职工呼声，提出政策建议。坚持维权与维稳相统一，引导职工依法理性表达利益诉求，防止矛盾积聚、扩大。完善职工代表大会制度，推进校（院、团、所）务公开，落实劳务派遣工、农民工等非在编职工参与本单位民主管理的权利。大力推进集体合同和工资集体协商，推进学校后勤系统、民办非企业单位工资集体协商工作。

第四，服务职工群众。按照“会、站、家”一体化的思路，加快构建服务职工工作体系，推动有条件的地方建立职工服务中心。满足职工多样化需求，特别要重视对一线职工，青年职工，困难职工，包括劳务派遣工、农民工在内的非在编职工等群体的服务。建立困难职工档案，并实行动态管理。

四是要加强基层工会干部队伍建设。基层工会干部队伍是基层工会赖以发挥作用的关键。要在同级党组织和上级工会领导下，依法依规推进基层工会民主选举，扎实推进基层工会主席（副主席）由会员大会或者会员代表大会直接选举产生。配齐配强工会干部，按照相关规定配备一定比例的专职工会干部。根据工作需要，上级工会可以向基层工会推荐、选派工会主席候选人。此外，要加强基层工会干部培训工作，不断提高其履职能力；基层工会主席上岗一年内应参加培训。

三、重点要进一步突出

要立足现实，着眼未来，规划好工会工作。科学谋划好工会工作，必须认真研究和确定发展的目标与方向、重点与范畴、措施与路径，才能立足新常态，把握新战略，开启新篇章。概括地说，必须围绕政治性、先进性、群众性抓根本；必须围绕基本、基础、基层抓落实；必须围绕学习力、落实力、协调力抓提升。

一是要围绕“三性”抓根本。工会工作最根本的问题有两点：如何实现党的意图和如何实现职工群众的主体地位。要实现这两点，就要把贯彻十八届五中全会精神与贯彻中央党的群团工作会议精神结合起来，把政治性、先进性、群众性作为工会一切工作的出发点与落脚点，并贯穿始末。

政治性，就是要围绕“大局”、呼应“大事”，让工会成为党的政治意志、政治主张、政治决策坚定不移的贯彻者、推动者与落实者。要不折不扣地把党的决策部署变成职工群众的自觉行动，承担起引导职工听党话、跟党走的政治任务。

先进性，就是要在承接党政意志、呼应职工群众两个方面发力、发功、发声。工会组织要通过两个方面来体现自身的先进性，有效参与政治生活与公共事务、有效调动群众力量，在教育引导职工，提升职工队伍素质中发挥不可替代的作用。工会组织只有具备先进性，才有吸引力、凝聚力与向心力，才能最大限度地避免边缘化。

群众性，则是工会组织的最大资源、最大财富、最大优势。强调群众性，就是要抓住对职工的感情深不深、体制机制活不活和工作作风实不实三个环节，抓具体，抓整改，以服务确立影响，以实干实现突围，真正把职工的主体地位放在明处、落在实处，处处把职工当主角、当亲人，时时回应职工的关注关切，全方位实现工会干部与职工群众的深度融合。工会不能出现脱离职工群众的倾向，这是一个“输不起”也“等不起”的问题，否则长此以往，必然会走向机关化、行政化、贵族化、娱乐化。因此，在规划安排工会工作时，必须把解决群众性问题放在重中之重的位置，进一步夯实党的阶级基础、群众基础。

二是要围绕“三基”抓落实。没有规矩不成方圆，没有目标路径不清。要紧紧盯住“基本、基础、基层”三个关键词，在实效、时效、长效上下功夫，进一步完善健全工会工作的基本路径、基本方法与基本规章，力争工作规范、制度完善、程序公正。

夯实“三基”，首先要确立基本的工作框架。工会工作点多线长面广、千头万绪，要找准最佳切入点、主攻点，就要做好以下几方面带有基础性、基本性、基层性的工作：如何紧扣工人运动时代主题，激发职工创新创业活力，为完成“十三五”规划建功立业；如何加强工会基层组织建设，进一步做好农民工入会和服务工作；如何切实履行维护职工群众合法权益的基本职责，构建和谐劳动关系，等等。

落实“三基”，必须确定基本标准。工会作为群众团体，评判其工作好坏的唯一标准就是：职工群众是否满意、是否欢迎。工会所有的部署和主张都要落脚基层、扎根基层，面向职工、恩泽职工。如果一个会议、一份文件、一项活动波及面和影响面仅限于机关与“上头”，仅限于场面与脸面，自拉自唱，自说自话，就是无能的、无益的、无效的。因此，在规划安排工会工作时，要在这方面划清界限、确定底线、标明红线，达成最基本的共识与最基础的评价。

三是要围绕“三力”抓提升。在规划安排工会工作时，叫规划、叫蓝图、叫方案都可以，关键在于行动、在于提升，否则说一千道一万，终归是天上云、水中月。要做到言必行、行必果，就得增强学习力、落实力与协调力。

学习力，是创新思维、开阔视野、实现突破的前提与条件。创新是工会工作的永恒主题，要把创新贯穿于工会各项工作和各个环节，勇做改革的促进派、实干家，通过学习与思考，进一步增强改革意识、机遇意识、责任意识，为工会工作注入新的生机和活力。当前最紧迫的学习任务就是要强化“创新发展、协调发展、绿色发展、开放发展、共享发展”理念，联系实际，吃透精神，把握趋势，明晰导向，特别要研究共享发展的理念，从解决职工群众最关心最直接最现实的利益入手，实现发展的均等化与普惠性。

落实力，考验的是责任与担当。要不断夯实责任链条，厘清责任与督查路线图，以督查倒逼责任、明晰职责，落实才能到位。求实务实落实，不是一句口号，不仅需要一步一个脚印，步步为营，而且需要用巧劲、使巧力，努力做到事半功倍。要突出重心，抓住关键点和杠杆点，集中力量，集合资源，有的放矢，有所为有所不为；要彰显特色，因地制宜，因时制宜，从特点出发，做特长之事，特中显优，变中取胜；要聚焦问题，以问题为导向，以问题为牵引，静下心，沉住气，一个问题一个问题加以解决，一个方面一个方面加以完善，不求多、但求好，不求快、但求实，不求全、但求效。

协调力，就是要融入中心、融入社会，突破封闭、突破藩篱，在共谋、共促、共赢上寻求新载体、新资源、新力量。要通过更多的手段与资源，承担更多党政所转移的职能与任务。要强化“互联网+”，推动网格化、大数据建设，实现政治张力与社会辐射的最大化与最优化。工会不能、也不可能包打天下，因此，在做规划安排的时候，要明确主场、主业、主责，明确什么应当做，什么不该做；什么为主做，什么为辅做；什么全力做，什么配合做；多做和合、适合、融合的事，多做铺底、托底、兜底的事，从源头上切实解决工会组织在全局中的位置与位次问题，让工会的各项主张、各项活动适得其所、落地生根。

四、方法和手段要进一步创新

一是要完善工作格局。要健全完善党委领导、行政支持、工会运作、职工参与、相关方面协同的工会工作格局。要积极主动地向党政部门和上级工会汇报工作，争取和运用好党政部门和上级工会赋予的资源和手段。

二是要坚持分类指导。坚持从实际出发，针对不同性质、不同工作基础、不同组织形式的基层工会，提出不同的工作要求。我省卫生计生系统事业单位要围绕深化分类改革，把推进民主管理工作向纵深发展作为工作重点。

三是要强化激励机制。关心爱护基层工会干部，按照有关规定全面落实保障待遇，让他们在政治上有地位、经济上有补贴、履职上有保障、职业上有发展，增强基层工会干部的职业荣誉感。同时，可以创造条件，由上级工会向基层兼职的工会干部发放补贴，大力表彰基层工会建设中涌现的先进集体和先进个人。结合两年一次的工会工作考评，我们评选表彰了一批工会先进。

四是要畅通联系渠道。健全完善基层工会向同级党组织和上级工会报告、向同级行政通报的工作制度。职工有大事、难事、急事的时候，我们工会主席应第一时间深入职工了解情况，并向党政和上级工会报告。在基层工会难以履行维权职责时，上级工会要加强指导帮助。

五是要深化建家活动。职工之家建设是加强基层工会建设的本质要求和综合载体。要以职工之家建设为引领，以会员是否满意为基本标准，建立健全基层工会建设综合考核评价体系。建立各层级模范职工之家创建、申报、考核、表彰、复查等制度，提升职工之家的品牌影响力。尊重会员的主体地位，广泛开展会员评家活动，加强对模范职工之家的考核验收，将职工和会员满意度作为重要考核指标。

六是要加大保障力度。这里的保障，有经费的保障，也有组织的保障。首先要依法做好工会经费收、管、用工作，保证基层工会经费足额到位，保证基层工会依法自主管理经费。加大对基层工会的经费支持力度，积极争取上级工会和行政支持，努力扩大经费来源，强化基层工会经费保障。

此外，还要重视加强组织保障。要落实领导责任，加强统筹谋划；要强化宣传引导，及时总结推广基层工会建设的成功经验和做法，运用现场会、观摩会、学习交流会等方式，以点带面，形成推进基层工会建设的良好氛围，并充分利用网站、报刊、微博、微信等媒体手段，不断增强宣传实效，扩大工会工作影响力；要改进工作作风，按照建设职工之家的要求破除机关化倾向，按照成为“娘家人”的要求改进工作作风，让职工切实感受到工会温暖可信、工会安全可靠、工会能解决问题。我们各级工会干部要更多地到职工群众中去，帮助他们排忧解难，努力以热忱的服务打动人心、温暖人心、影响人心、赢得人心。

目录

第一部分　基层工会规范化建设

第二部分　基层工会“双争”活动

——“争创模范职工之家、争做职工信赖娘家人”

第三部分 劳模先进主要事迹

第一部分
基层工会规范化建设

达标创优示范带动　着力打造规范化工会

浙江省血液中心工会

2014年7月30日，全国总工会下发的《关于新形势下加强基层工会建设的意见》（总工发〔2014〕22号文件）（以下简称《意见》），明确提出要将加强基层工会建设纳入党政工作大局和工会工作全局考虑谋划，按照“巩固、发展、提高”的要求，以职工满意不满意、工会作用发挥充分不充分为标尺，努力把基层工会建设成为职工群众信赖的职工之家。《意见》是指导当前和今后一个时期基层工会组织建设的重要文件。

《意见》明确了新形势下加强基层工会建设，要努力建设“六有”工会：一是有依法选举的工会主席，建设心系职工、善于维权、开拓进取的骨干队伍；二是有独立健全的组织机构，完善工会委员会、经费审查委员会、女职工委员会等组织；三是有服务职工的活动载体，满足职工的多样化需求；四是有健全完善的制度机制，实现工会工作的群众化、民主化、制度化、法制化；五是有自主管理的工会经费，真正用于服务职工和工会活动；六是有会员满意的工作绩效，切实让职工群众感受到工会是职工之家。

近年来，在浙江省血液中心党政组织和浙江省卫生计生委工会（简称“委工会”）的领导和支持下，中心工会在基本达到“六有”标准的基础上，成功争创了浙江省模范职工之家。获“省模”荣誉后，中心工会不守旧、不停步，继续把规范化作为工作重点，不但把建设职工之家作为建会、强会、兴会的重要抓手，而且针对新常态，研究新问题，明晰工会新思路，创新工会新举措，实现工会新发展，进一步增强了基层工会组织的吸引力和凝聚力，工会规范化建设达到了新共识，迈出了新步伐，取得了新成效。

一、立足实际，明晰工会新思路

（一）争取支持

一直以来，中心工会工作得到了党政领导班子的大力支持和指导。一是从人、财、物多方面给予工会工作开展必要的保障；二是对工会开展的各项活动在班子会议上进行讨论，并将工会工作列入中心年度工作目标；三是在全体职工中进行广泛动员，保障各项活动的高参与度；四是在工会各项制度、机制的建设中给予指导和规章制度方面的支持，如将工会工作的有关指标纳入中心综合目标责任制考核和党支部目标考核中；五是班子成员积极参与到各项活动中，起了很好的带头示范作用。

（二）健全组织

2013年，中心工会完成新一届职工代表和工会委员会的换届选举工作，产生正式代表56名，约占中心在岗职工总数的25%，依法民主选举产生了第三届工会委员会和经费审查委员会，完善了女职工委员会和工会小组设置，实现了三个委员会同步开展工作，进一步健全了组织体系。为了发挥全体职工的积极性和创造性，中心《职工代表大会工作制度》明确规定，“凡是按照法律规定享有政治权利的本中心受聘在岗职工（包括编制内、编制外、劳务派遣），均可当选为职工代表”，将编制外、劳务派遣职工纳入职工代表的产生范围，从制度上保障了这部分职工参与民主管理的权利。

（三）抓好班子

通过按规定按时换届，切实把素质高、作风正、热爱工会工作的人员选拔到工会工作岗位上来。创新和完善干部教育培训制度，整合干部教育培训资源，组织工会工作骨干参加委工会组织的各类学习交流活动，拓展干部教育培训领域。

（四）制定标准

多年来，中心工会不断建立并完善各项工会制度，在汇总学习工会工作相关规范化文件的基础上，先后制定了《职工代表大会制度》《职工福利费管理和使用办法（暂行）》《浙江省血液中心职工代表大会工作规程》《浙江省血液中心职工代表大会提案工作暂行办法》等，不断提高工会工作的科学化、规范化水平。中心定期开展先进工会小组、工会小组长、优秀台账等各类评比活动，建立考核标准，不断健全对工会小组的激励约束、科学评价和综合考评机制。

（五）规范经费

按照工会财务经费独立的原则，工会财务严格审核各类用款，严格按照财务规章制度使用经费。依照《工会法》对工会经费的有关要求，及时足额收取和上缴工会经费；按照年初工作计划，做好年底预决算工作。工会经审委根据《基层工会经费审查委员会工作条例》的规定，定期对工会经费的预算、决算和使用进行审查监督。

二、达标创优，创新工会新举措

继2014年下发《意见》后，2015年6月，全总又下发了《关于在全国基层工会广泛开展“争创模范职工之家、争做职工信赖娘家人”活动的通知》（总工发〔2015〕25号文件），中心工会及时组织学习，并结合学习贯彻省总工会《关于新形势下全省基层工会深入开展职工之家建设的实施意见》（浙总工发〔2015〕64号文件）、《浙江省级模范职工之家、优秀工会工作者评选表彰办法》（浙总工发〔2015〕65号文件），认真分析了工会工作的现状，制定了工会开展达标创优，建立工会工作示范活动的措施，并以此为抓手，为职工之家建设注入新活力。

（一）积极创先争优

中心对各工会小组实行目标管理和专项考核，鼓励各小组创先争优，每两年进行一次工会先进系列的评比，并推荐先进参加委系统工会的各类创争活动。目前，中心有4个工会小组被评为委系统工会先进职工小家，1个工会小组被评为委系统工会模范职工小家。中心为弘扬女职工爱岗敬业和甘于奉献的精神，倡导职业文明，开展了一系列“巾帼文明岗”创建工作，并有3个部门荣获浙江省和浙江省卫生计生委“巾帼文明岗”荣誉称号。

（二）强化民主监督

中心建立以职工代表大会（简称“职代会”）为基本形式的民主管理形式，突出对职工知情权、参与权、选择权、监督权“四权”的维护与落实。

坚持和完善工会会员和职工代表大会制度。以规范运作为重点，严格实行职代会会前、会中和会后的规范化管理。每年年初召开职代会前，集中精力将职代会组织筹备工作做细做实，成立专门的职代会筹备组，除落实时间、地点、议程、会务等常规工作外，还注重对职工代表进行业务培训，邀请工会工作专家、领导授课，提升职工代表参政议政能力和水平。大会主席团下设提案工作组，主要负责本届职代会提案的征集，坚持做到凡是涉及改革发展的重大决策及涉及职工切身利益的重大问题全部通过职代会审议，充分听取职工代表意见；依据有关法规和政策对提案进行审查、立案、分类整理，分送中心领导及有关部门处理和实施，将涉及中心重大问题的提案，如中心内部机构设置及职能调整方案、竞聘办法、绩效工资实施方案、岗位设置与聘用实施方案及重要规章制度等重大事项，均提交职代会讨论、审议通过。职代会闭会后，工会负责监督各项决议的贯彻实施，对大会立案的职工代表提案逐件进行落实，并将提案的落实情况纳入中心年度综合目标考核。

完善事务公开制度，确保职工监督权落到实处。中心制定《事务公开管理制度》，明确事务公开的范围、办法形式、组织实施等内容，细化事务公开责任分工，详细列明近30项向社会公开和向中心内部职工公开的项目，进一步规范了事务公开程序。执行“三重一大”制度，提升决策的民主性、科学性。凡是涉及职工切身利益的政策、重要规章制度，涉及职工养老、失业、医疗、工伤、生育的社会保险缴纳情况，都要及时予以公开。

积极参与协调涉及重大民生的问题。例如，主动参与调研中心绩效工资实施方案，协调绩效工资实施方案的制定和实施，充分反映职工的需求和合理建议。此外，组织职工积极参与中心新一轮中层干部人选的建议和测评，进一步加深职工参与中心民主管理的程度。

（三）开展各类竞赛活动

中心工会始终注重从本单位和血液系统的实际出发，积极响应全总有关建功“十二五”的号召，扎实开展各类竞赛活动。例如，定期开展青年医学技能竞赛，分为临床医学组、医学检验组、采血护理组、宣传招募组，且各小组分别采用针对不同专业的理论、实践技能操作考试规则的新模式，涵盖了采供血的主要业务工作，以检验中心各岗位的业务能力和水平。中心选拔的选手多次获得“浙江省卫生系统省级青年岗位能手”荣誉称号。检测中心励晓涛同志的检测技术被浙江省直机关工会命名为“晓涛统筹检测法”，并被授予“浙江省直机关先进职业操作法”荣誉称号。

中心工会还充分发挥中心的行业龙头作用，立足于采供血工作团队的建设，积极组织策划全省采供血系统参与各类丰富多彩的文化体育活动。坚持每年开展一次活动，一年“文”，一年“体”。近几年，先后举办了“加强法制教育 创建平安血站”浙江省采供血系统法律法规知识竞赛、“与法同行 和谐发展”法律法规知识竞赛、“无偿献血在浙江”摄影大赛、浙江省采供血系统篮球赛、职工水上运动会、第九套广播体操比赛、“旗帜引领航向 奉献点亮生命——学习贯彻十八大精神主题演讲比赛”等各类文化体育活动，为全省采供血系统的干部职工搭建了良好的交流平台，共同营造了精诚团结、积极向上的行业氛围。此外，中心还在长三角地区组织开展了江浙沪血站文化交流系列活动，充分展示了血液工作者的精神风貌。

三、依靠职工，实现工会新发展

中心工会一直把职工的困难需求作为第一信号，根据“争创模范职工之家、争做职工信赖娘家人”活动的有关要求，积极主动了解职工家庭状况，关心职工疾苦，把为职工办实事、做好事、解难事作为重要任务，积极探索服务职工的新举措，使工会成为最可信任、最可依赖的职工之家。

（一）“五亮”工程激发活力

坚持把“工会亮牌子、干部亮身份、工作亮家底、服务亮责任、社会亮形象”的“五亮”工程作为深化工会工作的重要载体。血液中心新大楼分别在九楼和十楼设置了工会办公室和工会主席办公室，先从工会亮牌子、干部亮身份开始，使职工有事能在第一时间找到工会。

（二）心系职工温暖“娘家”

中心建立困难职工档案，及时对家庭困难或发生变故的职工进行慰问，帮助困难职工解决家庭生活、就医和子女就学等问题，拾遗补缺，救急解难；坚持年初一慰问在岗职工，夏季高温慰问一线职工，并组织开展无偿献血志愿服务活动；全年开展对职工生日、生病住院、育儿、亲人病故等慰问活动；为全体会员办理浙江省省级产业工会职工大病医疗互助保障；积极主动为职工办理公园、寺庙年卡；积极协调落实职工提案中有关职工福利的事项，如解决派遣人员子女医疗统筹、职工子女保育费报销问题，为40岁以上的女职工增加TCT检测（宫颈脱落细胞液基薄化检测），提高职工工作餐品质等，使每一名职工及其家庭成员都能充分感受到工会大家庭的温暖。

（三）文化建设凝心聚力

中心工会组织职工开展形式多样的文体活动，激发职工的积极性和创造性，增强工会活力，提升团队凝聚力。

在体育方面，以“全民健身日”为主线，开展中心群众体育活动。坚持每年举办一次大型职工体育活动，并由工会小组轮流主持开展健身活动，包括登山、溜冰、游泳、球类等各种运动。2012年，重点做好了第九套广播体操的宣传、培训和推广工作，最终中心参赛队获得浙江省卫生厅系统第九套广播体操比赛一等奖，并代表省卫生厅参加全省卫生系统第九套广播体操比赛，再获一等奖。同时，鼓励职工发展业余爱好。根据省直机关工委文体委员会的安排，积极组织中心职工参加网球、羽毛球、篮球、太极拳、健美操、游泳等各类活动，并在中心组建乒乓球、篮球、太极拳、健美操、游泳、排舞等各类活动小组，推动中心群众体育活动的发展。

在文艺方面，活动载体丰富，屡获佳绩。2010年，中心情景演讲《生命的绽放》获浙江省卫生厅系统读书演讲比赛一等奖。2011年，中心合唱队获全省卫生系统“护卫生命　向党报告”文艺汇演一等奖，还代表省卫生厅参加“永远跟党走”浙江省红色经典歌曲合唱大赛，获省直机关选拔赛第一名，并在决赛中获得一等奖。2013年，组织开展中心贯彻十八大精神主题演讲比赛，并选拔选手参加浙江省采供血系统演讲比赛，获得一等奖。2014年，组织开展中心“天使情怀　放飞梦想——青年读书演讲比赛”，选拔选手参加浙江省卫生计生委系统青年“天使情怀　我的读书故事”演讲比赛复赛，获得一等奖，并代表委系统参加全省卫生系统的演讲比赛，获得三等奖。2015年，组织开展“迎‘三八’猜灯谜”活动和女职工读书征文、书画摄影评选活动，促进了女职工之间的交流，也增强了职工之间的凝聚力。

在公益方面，积极倡导并参与“护卫生命　天使血缘”无偿献血活动。2014年，中心共有72位职工参加献血，健康适龄职工100%参加，累计106人次捐献全血22100毫升、血小板377微升，职工献血率达41.7%。

多年的工作实践使我们不断认识到，加强基层工会规范化建设，既是提高基层工会工作成效的重要途径，也是提升基层工会影响力的重要举措，更是工会更好地履行职责的重要基础和保证。当然，在全面建成小康社会、实施“两个一百年”的新形势下，中心工会工作仍有许多新的课题需要研究，工会自身建设方面也还存在一些困难和问题需要认真探讨和不断解决，需要进一步深化工会规范化建设，努力探索建立力度更大、范围更广、层次更多的工会工作机制和职工服务体系，围绕中心，服务大局，促进事业更好发展，发挥工会应有的重要作用。

提升青年职工职业技能　助力中国梦

浙江省人民医院工会

一、工作思路

职工在工作、生活中会产生方方面面的需求，这些需求就是工会工作的切入口。近几年来，浙江省人民医院工会针对职工需求，结合医院实际做了大量工作，如设立职工关爱基金、建立职工生病探视制度、发放退休职工就医优惠卡、赠送生日蛋糕、开展各种形式的职业技能培训等。

在所有的职工需求中，提升职业技能是重中之重。它是职工在单位立足的根本，是单位向社会提供优质服务的保障，也是中华民族实现中国梦的助力。因此，院工会把有关提升职工职业技能的工作，摆在一个特别突出的位置。

在提升职业技能方面有迫切需求的主要是青年职工，他们受工作年限所限，经验还不够丰富，技术技能还不够纯熟。基于这样的考虑，院工会尤其重视帮助青年医务工作者提升业务能力，并已取得了一定的成绩，积累了一定的经验。

二、主要做法

院工会举办了青年医学技能竞赛，并以该竞赛为抓手，根据工作需要开展层次鲜明、内容丰富、形式多样的培训活动，使培训工作常态化。同时，以该竞赛为契机，选拔优秀职工参加省级、国家级比赛，与院外优秀的业内人员开展竞争，接受更高层次专家的检验。也就是说，院工会利用青年医学技能竞赛，把提升青年职工职业技能的各方面工作串联起来，做到“牵”一发而动全身。

三、工作成绩

1.青年职工的学习积极性、主动性显著增强，在全院范围内形成了一股持续学习、你追我赶的良好风气。

2.青年职工的业务能力显著提高，医院人才队伍的质量得到了优化，可持续发展的动力得到了保证。

3.从院级技能竞赛中脱颖而出的青年职工在第四届浙江省卫生系统青年医学技能竞赛中，获外科专业一等奖；在第五届浙江省卫生系统青年医学技能竞赛中，获外科专业一等奖、放射专业二等奖、护理专业二等奖、检验专业三等奖；在2012年浙江省护理技能大赛中，获临床护理组第一名、重症监护组第五名；在2012年卫生部护理岗位创新技能竞赛中，获临床护理组第三名。此外，近几年来，共有4人被评为浙江省卫生系统省级青年岗位能手，1人被评为全国青年岗位能手。

4.医院对青年人才的吸引力明显增强。每年都有数百名应届博士毕业生投档，通过面试择优录取的这些青年才俊都在各自的工作岗位上发挥着自己的特长。

四、经验总结

（一）医院领导高度重视

1.把青年医学技能竞赛列入医院党委工作计划，在年初即进行工作部署，并定期不定期预热。

2.设立竞赛组委会，由医院领导及党办、工会、团委、医务科、护理部、人事科等相关科室负责人共同组成，主要负责竞赛的组织和协调工作，确保竞赛顺利举行。

3.医院党委书记、工会主席于恩彦直接分管竞赛工作，不仅组织召开职能部门会议，商讨有关问题，还经常在竞赛现场作赛前动员，极大地鼓舞了青年职工。

（二）职能科室协同作战

1.赛前，工会、团委、护理部等相关职能科室携手，积极组织针对青年医护人员的技能培训，既提高了他们的业务能力，也确保他们能以较高的水准参赛，进而提升竞赛的整体水平。

2.赛中，为确保竞赛科学、有序地进行，各职能部门继续精诚合作，无论是专家组成员的确定、试题库的建立、参赛人员的组织，还是考场的布置、阅卷的开展，各个环节和细节都留下了各部门协同作战的痕迹。

3.赛后，相关职能部门勠力而为，选送优秀职工到院外参加更高级别的比赛，进一步深化青年职工职业技能提升工作。

（三）临床科室积极配合

对于青年医学技能竞赛及相关工作，工会等职能科室可以发挥好组织者的作用，但诸如培训、出题、考核等具体的事项则离不开临床科室的配合。因此，院工会在工作开展的全过程中，注重咨询临床科室的资深专家，以确保工作的专业性、规范性、科学性，各临床科室也把此项工作当成重点来抓，积极鼓励青年职工参赛，并主动提供专业支持。

（四）考虑周密，设置科学

1.确立竞赛形式。选择以竞赛这种颇具竞争性的活动作为工作的主轴，既可以最大限度地激发青年职工及临床科室的竞争力、积极性，也可以更好地联动其他相关工作。

2.做好赛前赛后工作。赛前有层次鲜明、内容丰富、形式多样的培训，确保比赛的整体水平维持在一个较高的水准；赛后选拔优秀职工参加更高级别的比赛，一则进一步提升了院级竞赛的竞争性，二则使优秀职工得到了更好的展示平台，三则使中心工作得到了更高层次专家的检验。

3.竞赛项目设置齐全。囊括了内科、外科、检验、放射、西药、护理全部6项，确保各项工作的从业职工都有竞争的平台、展示的舞台。

4.参赛对象规定合理。只要是年龄在35周岁以下的医务人员都可以报名参赛，既保证了竞争是在层次相近的群体中展开，也在此基础上尽可能争取更多的参赛对象。

5.竞赛环节设置科学。既有实操考核，也有理论测试，敦促青年职工在注重提高操作技能的同时，不忘提升理论修养，两手都要抓，两手都要硬。

6.设置奖励机制。竞赛共设一等奖9名，二等奖15名，三等奖24名，名额根据比例公平分配到内科、外科、护理、放射、检验、西药6组。此外，各专业一等奖选手还将获得“院级青年岗位能手”称号。合理的奖励既是对青年职工现有成绩的肯定，也能鼓励他们在接下来的工作中再接再厉。

7.提倡赛出精神、赛出风格。比赛成绩固然重要，但更重要的是职业道德，只有医德医风优良的职工掌握了高超的技能，才能切切实实造福百姓。

从医的道路充满风险，想要更好地为患者服务，就需要扎实的医学知识、高超的操作技能、优良的医德医风，这就要求青年职工不断学习、刻苦训练。作为工会工作者，我们会竭尽所能，帮助他们提升职业技能，帮助他们尽快成长。

围绕中心　突出建家
开创工会工作新局面

浙江省立同德医院工会

浙江省立同德医院工会紧紧围绕医院改革发展整体部署，全面推进工会规范化建设，以“六有六好”建设为抓手，发挥密切联系职工优势，切实维护职工合法权益。平凡工作求创新，务实工作上台阶，以打造升级版职工之家为切入点，使工会成为职工之家、工会干部当好职工信赖“娘家人”，开创工会工作新局面。

一、围绕中心、服务大局，切实把握建家根本方向

目前，我国的医疗卫生改革进入攻坚阶段，要进一步推进改革，必须紧紧依靠广大职工的主力军作用。工会组织作为党联系群众的桥梁和纽带，是职工利益的表达者和维护者，必须主动思考和积极配合改革发展大局，为改革发展创造有利环境。院工会始终将医院的改革发展作为工会工作的中心和建家工作的根本方向，在确保广大职工知情权、参与权、表达权、监督权的前提下，激发广大职工的创造力，引导广大职工支持、参与、推进本院的改革。在全面深化改革的过程中，院工会牢牢树立“勤民”意识，对职工反映的问题及时办理，处理好医院长远发展和职工切身利益的关系，使职工成为改革发展的推动者和受益者，真正做到工会是职工的“娘家人”。

二、优化管理、创新机制，不断增加建家前进动力

好的管理制度是单位发展的助推器，也是建家工作的基础。为此，院工会大力推进项目化管理。

在项目制定过程中，实施“常规+特色”的战略，坚持命题化安排，瞄准目标立项目。通过专题调研、座谈讨论等方式，对建家工作中的重点难点问题和薄弱环节进行研究，以立项方式将其具体化、目标化，并作为下一阶段的攻

坚任务。在项目生成后，落实“五定”措施（定名称、定人员、定进度、定目标、定措施），责任到人、措施到位，使建家工作把握重点、突破难点、凸显亮点，有效破解凝聚力不强、创新力不足、执行力不够等问题。

在项目实施过程中，实施“五个一”制度，即“一个项目建立、一个领导牵头、一个部门负责、一套班子落实、一个阶段验收”，突出进程管理。

项目实施结束后，重点抓“激励+问责”，科学量化考核。把建家工作项目化实施情况纳入年终目标考核，细化考核内容，强化考核结果的运用。对常规工作和特色工作分别考核，对项目管理的成效进行评估，并作为先进工作组织评选的主要依据。对确有亮点、初具经验的项目，以经验交流、现场观摩的形式推广；对特色鲜明、运作顺畅、机制完善的项目，以通讯报道、制作专题等形式积极向上推荐，努力打造工会建家品牌。同时，对工作措施不力、未完成计划的、职工不满意的项目，严格执行项目问责，推倒重来，定期验收。

三、发扬民主、多措并举，全力确保职工之家勃勃生气

提案办理是落实职代会决议、加强民主管理的主要形式之一。院工会对提案办理流程进行全新改造，多措并举，全力提高提案质量和办理效率，确保职工之家的勃勃生气。

（一）提案形成重把关

召开专门会议，研究完善提案征集机制，把好提案入口关。对职工代表进行培训，引导职工代表围绕医院改革发展及职工普遍关心的重大问题提出议案。

（二）提案办理重协调

提案形成后，按照医院发展、医疗业务、科研教育、后勤服务、职工福利等内容进行分类归纳，经提案组初定、党政联席会决定，由分管领导指导对应职能科室办理。涉及不同领导分管的多个部门时，通过多方协调、反复沟通，以医院发展大局和职工切身利益相契合为导向，寻找解决问题的妥善之策。

（三）提案督办重严明

事先明确提案办理标准，实行“五不过关”：有条件可以解决而没有解决的不能过关；不做调查研究，只做文字游戏的不能过关；办理单位只有经办人行事而没有集体研究的不能过关；提案人不满意的不能过关；联合办理却只有一家单位办理的不能过关。创新督办方式，及时公开各责任部门的办理进度，

形成争先创优的良性态势。

（四）提案评价重实效

在内容上，以提案内容采纳率和提案事项落地率来量化考核提案质量；在程序上，将承办人直接听取提案人评价，改为组织院内相关部门、人员听取提案人评价，再反馈给院行政部门，使督办的实效明显提高。

四、坚持“四化”、构建体系，着力突出建家服务宗旨

突出服务型工会这个“建家”宗旨，探索建立以工会组织为基础，集妇团组织、文体协会、兴趣小组、互助组织为一体的服务型组织体系。

（一）服务组织网络化

一是重视工会服务职工的直通功能，培育亲民服务队伍，随时倾听群众意见，回应群众诉求。二是建立工会委员和片范围工会组长联络网，便于工作联系和指导。三是建立工会、小组长和职工网络，及时反映职工需求，提高工会工作效率。四是建立工作QQ群、微信群，随时和基层工会小组联络。五是建立党支部、工会小组—妇团组织体系，围绕科室中心，把主要精神和任务上传下达，积极完成各项任务。

（二）服务队伍多元化

一是充分发挥劳模引领作用，大力弘扬劳模精神。二是通过创建“工人先锋号”等各种争先创优活动，评选表彰技术创新标兵、创新优秀班组，进一步调动广大职工的积极性、创造性。三是深入开展职工素质教育工程，构建学习平台，开展岗位技能比赛。四是充分发挥工会小组作用，鼓励工会干部“愿干事、能干事、干实事”，大胆工作，有所作为。

（三）服务平台系统化

院工会通过多年努力、多方开拓，逐步建立了多层次、系统化的服务平台。在帮助困难职工方面，逐步完善帮扶体系，建立困难职工档案，扎实推进结对帮扶、贴心人服务队等工作。在服务女职工方面，院工会女职委配合院妇委会以“巾帼文明示范岗”为载体，号召女职工争先创优、奋发进取。在服务社会公益方面，组织关爱劳模、金秋助学、无偿献血和帮助智残儿童等系列帮扶活动，用各种方式为社会公益服务。

（四）服务保障制度化

建立职工入会制度，做好在职职工入会的同时，及时办理新职工、劳务派

遣工的入会工作，保证对所有职工一视同仁。制定“五必访”（入职、生病、结婚、生育、亲人去世必访）等制度，推动工会服务工作制度化进程。建立健全考评、监督管理和奖惩等制度，以工会干部服务群众绩效作为效能建设考核的重要内容，将群众满意率作为考核工会干部工作成效的重要指标。

五、夯实基础、规范标准，积极推进职工之家创新升级

在全院深入开展“党建带工建，工建助党建”活动，围绕中心任务，积极推进职工之家建设创新升级。

（一）夯实建家基础

构建“三全建家”（全面工作、全体员工、全过程管理建家）制度，把医院发展、业务管理、科研开发、文化建设等各环节都纳入建家范畴，使建家工作从工会少数人的“独角戏”变成全体职工均须参与的“大合唱”，有力地夯实建家基础，并在此基础上，定期不定期地进行建家工作的检查考评。划分工会小组，围绕医院、支部和科室中心任务建设职工小家，并组织工会小组互查和自评，互相交流，取长补短，共同进步。

（二）规范建家标准

创新建家方法，规范建家工作方案，统一制作工作展板和资料册。推动台账资料的标准化管理，采用电子信息化台账，规范资料簿册管理。以各小组活动日志为基础，做好平时的督促检查和年底的统一检查评比。明确建家工作的软件、硬件指标，积极参加省级工会组织开展的职工之家示范创建活动，按照规范化标准查摆问题，整体推进建家创新升级步伐。

开展文体活动　强身健体　激发活力

浙江医院工会

工会组织的活动是医院文化建设的有效载体，也是工会职能的重要组成部分。近年来，浙江医院工会在开展群众性文体活动方面做了大量工作，得到了党政领导大力支持、工会组织搭建平台、职工群众热情参与，从而达到全民健身的目的，促进医院整体工作良性循环。

一、开展文体活动对夯实工会基础具有重要作用

工会作为职工的群众组织，是党联系职工群众的桥梁和纽带，是职工群众利益的代表者和维护者。工会工作的作用就是鼓舞人心、稳定人心、温暖人心，而开展健康有益、丰富多彩的文化体育活动，能够满足职工的文化生活需求。我院近年来相继成立了各类文体协会，不断发掘、整合、优化资源，有序组织各类文体活动，丰富活动内涵，提高活动质量。

院工会在党政部门和上级工会的关心支持下，取得了较好的工作成绩，于2006年被评为全国教科文卫体系统模范职工之家。随着医院的迅速发展，医疗外延不断扩大、医疗任务不断加重，“家”的内涵也不断丰富。

为了更好地开展各项活动，克服以兼职为主的工会干部人力不足的短板，院工会从实际出发，牵头组建各类文体协会，发动文体活动骨干和工会工作积极分子，最大限度地发挥他们的聪明才智，从而拓宽了工会工作视野，丰富了工会工作经验，增强了工会工作活力。

二、开展文体活动是职工促进身心健康、提高服务质量的需求

医务人员的健康状况与医疗服务的质量息息相关。医疗服务是高风险工作，医务人员经常超负荷工作。根据临床护理人员抑郁心理状况的调查分析数据显示，护士抑郁发生率为25%~38%，且有逐年增加的趋势。2015年，我院对1666名职工进行体检后发现，职工脂肪肝发生率达10.14%，脂血症发生率达

16.69%。而这与同系统相比还属于较低的概率，可见医务人员的健康状况堪忧。

为了增强职工的身体素质，提高医疗服务质量，院工会根据职工的不同兴趣爱好建立了各种文体协会，定期开展文体活动，让职工能够释放身心、张扬个性、锻炼体魄。同时，文体协会由工会积极分子及骨干发挥中坚作用、会员进行自我管理，可以调动职工积极性，焕发工作激情。

三、开展文体活动是构建和谐医院的需要

近几年，我院发展迅速，医院床位增至800张，省老年医疗中心在建床位1000张，职工总人数达到1800多人，每年新进职工200多人。

为了加强年轻职工之间的交往和协作，促进工作的互惠发展，院工会成立了各类文体协会，由院长严静担任羽毛球协会名誉会长，纪委书记何晓波担任太极拳协会会长，调动了职工参与的积极性和主动性。干群的共同兴趣爱好搭建起了相互交流的平台，并通过开展活动让彼此加深了解、密切关系，促进医院和谐发展。

四、开展文体活动是坚持以人为本、实现工会职能的要求

工会是工人阶级的群众性组织，维护、建设、参与和教育是工会的四大职能。坚持以人为本，就是要以职工为根本，不断满足职工多方面的需求，促进职工的全面发展。

根据职工的兴趣爱好和特长，院工会成立了各类文体协会，如羽毛球协会、瑜伽协会、健身协会、篮球协会、足球协会、钓鱼协会、摄影协会，会员人数共计有500多人。各类协会定期不定期地开展活动，党委书记、工会主席郑公寿刚来医院工作不久，就在医院举行的“正大杯”羽毛球赛上获得了亚军。

近年来，我院职工参加了各类比赛，获得了不少荣誉，包括全省卫生系统羽毛球赛单打一等奖、钓鱼比赛团体二等奖、广播操比赛二等奖等。这些文体活动的积极开展，既满足了职工多元化的需求，也实现了工会的四大职能。

五、开展文体活动能起到强化阵地、拓展载体的积极作用

为强化职工文体协会的活动阵地功能，院工会积极与周边单位联系、落实

场地。比如，每周借用空疗的体育场地举办2次羽毛球协会活动，本院的康复中心每周为太极拳协会、瑜伽协会的4次活动提供场地。院工会提供相应场地保障的措施，不断拓展了活动载体，为各类协会的正常活动提供了物质基础。

六、开展文体活动能引导职工积极参与、促进医院文化建设

文体协会积极吸引职工参加活动，很多职工参加协会活动以后，身体状况有了明显的变化。健康管理中心主任张伟娟说：“自从我参加了瑜伽、羽毛球运动后，活动量增大了，身体更加健康了，心情更加愉悦了，工作更加有劲了，这要感谢医院工会组织的各项活动。”社会发展部主任任敏感慨地说：“当初工会邀请我参加羽毛球赛，我试着参加了几次，结果一发不可收，迷上了羽毛球运动。虽然我快50岁了，但是通过这两年的运动锻炼，我又重新青春焕发！”

通过搭建文体协会这一平台，能够不断提升协会会员的身心素质，扩大工会的影响力和职工的凝聚力。虽然大部分文体活动都在业余时间开展，但职工都能较好地处理好活动与工作的关系。根据调研资料显示，凡是积极参与文体活动的科室，科主任和护士长都积极支持、主动参与。2014年，我院成功举办了首届职工运动会，不少科室的主任带头参加了比赛，激发了职工的参与热情，展现了团队精神和凝聚力。

履行职能　发挥作用
努力开创工会工作新局面

浙江省肿瘤医院工会

近年来，浙江省肿瘤医院工会在委工会和院党委的正确领导下，贯彻党的十八届三中、四中全会精神，按照全总十六届三次执委会议确定的目标任务，加强工会自身建设，围绕医院中心工作，服务医院大局，切实履行工会四项职能，发挥工会组织作用，各项工作基本达到预期目标，取得了一定成绩。

一、实施民主管理，落实好职工代表大会制度

医院按期召开职工代表大会，充分尊重和落实职工的民主权利，并通过抓好各个关键环节，力求达到规范运作。

一是按期增补工会主席人选，加强组织建设。成立工会主席增补选举工作组织领导机构，确定选举的基本程序和制度，并在主席团会议和职代会上通过袁瑞玉同志为浙江省肿瘤医院工会主席的决定。

二是积极参政议政。职代会严格按照既定的程序召开，代表的参与率达到98%以上。与会代表认真听取、审议院长工作报告、财务工作报告，并讨论有关医院改革发展的重大措施和规划。

三是为医院的改革发展献计献策。在院内职工中广泛宣传、征集提案，使职代会成为全院职工参政议政的一项盛会。每年职代会均提出许多质量高、涉及面广的提案，反映了我院职工积极参与医院民主监督和民主管理的愿望。

四是及时反馈落实。院工会及时整理提案，积极督促落实，做到条条有处理，件件有落实，并将提案的处理意见和落实情况向提案人反馈，在下次职代会上汇报相关工作。

五是建立工会经费规范化长效机制。工会经费实行预算管理，明确管理流程，严格费用报销流程，确保工会经费用好、用活、用到实处。

二、加强民主监督，执行好院务公开制度

近年来，院工会切实强化了民主管理、民主监督职能，教育引导全院广大干部职工牢固树立“以院为家、爱院建院”的主人翁意识，全身心投入医院的改革发展事业。院务公开是实现职工参与医院民主决策、民主管理和民主监督的有效途径之一，如何最大限度地发挥职工群众的聪明才智，让其参与到医院的改革和发展的决策中来，院工会做了一些有益的探索。

一是制定各项院务公开制度。医院制定了《浙江省肿瘤医院院务公开实施意见》，明确了领导小组和办公室以及监督考核小组的成员，规范公开管理，丰富公开形式。每年根据人事变动和工作变化，及时发文调整院务公开制度相关内容，进一步提高了职工的知晓度、参与度，落实职工民主监督的权利。

二是对职工关心的各项工作进行全面监督。对职工群众关心、事关职工切身利益的干部选拔任用、住房分配、资金分配、晋级提薪、评先选优、大中型医疗器械购置、减员增效、离岗退养等热点问题，采取职代会、院周会、公示栏、大屏幕和职工信箱等方式，做到政策公开、操作过程公开、结果公开；对物资设备实行“阳光采购”；对医院人才引进实行公开招聘。为进一步将院务公开工作引向深入，把医院在发展过程中遇到的新问题、新难点摆在“桌面”上，干部职工针对问题广开言路、群策群力，为医院的发展献计献策，提出了许多好的思路和建议，形成了领导与职工双向交流沟通的一种模式，创新和深化了我院院务公开工作的内容和形式，为把我院建设成一个职工群众满意的“民主之家”创造了良好条件。

三是对涉及医院发展和职工利益的重大问题进行集体审议。维护职工合法权益不受损害，是工会的基本职能。院工会积极发挥职工代表的作用，围绕医院发展存在的问题，如院交通车和停车补贴、新职工住房公积金补贴问题，提出诚恳的意见建议，使广大职工享有知情权、参与权和监督权，努力使医院的各项工作得到广大职工的充分理解、广泛支持和积极参与。

三、以开展特色文体活动为载体，增强工会活力

院工会加强自身建设，工会干部以身作则，各委员做好分管的各项工作，在工作中分工不分家，互相大力支持、协调配合，积极调动工会委员的积极性，充分发挥工会积极分子的带动作用，开展好工会各项活动。

一是联合党办、团委，举办了我院首届医院文化节。文化节活动包括医院“全家福”摄影评比和“sing动舞台，音为有你”歌唱比赛两项活动，得到了全院各科的大力支持，在院内外均取得了很好的反响，为宣传医院文化、营造医院和谐向上的氛围、增强职工的凝聚力，起到了很好的作用。

二是积极开展各类文体活动，丰富职工生活。医院成立的游泳、乒乓球、羽毛球、摄影等文体队，在分管委员的积极组织安排下，各项文体活动开展得有声有色，每个队在技术技能方面都得到了不同程度的提高。此外，工会还举办了院首届羽毛球比赛。通过开展丰富多彩的文体活动，活跃了医院的文化氛围，满足了职工的精神文化需要，增强了职工的身心健康，提高了职工的工作积极性。

三是积极组织职工参加省卫生计生委举办的各项比赛，并取得了一定的成绩。我院代表队连续两届获委直单位职工划船比赛第一名，获委系统职工羽毛球比赛一等奖、三等奖，获卫计委足球比赛一等奖，获拱墅区篮球赛团体第三名，获半山街道首届运动会羽毛球个人第三名和拔河团体第六名。

四是摄影协会挑起大梁。为了配合院庆51周年活动，摄影协会主动承办了杭州国际肿瘤学论坛摄影展，得到了国内外专家的好评，并举办了手机摄影大赛、第二期白鸽摄影协会培训班，请来《中国卫生影像》杂志社社长授课。在院首届职工运动会上，摄影协会还派出了10多名摄影志愿者，为运动会送上了及时、详尽的图片报道。这些特色文体活动的开展，不仅增强了职工的身心素质，为青年职工创造了更多的文化娱乐及相互交流的机会，而且为医院争取到了荣誉，增强了工会的活力和凝聚力。

四、以亲情管理、素质提高为依托，建立职工之家

院工会急职工所急，想职工所想，通过深入调查研究，关心职工生活，把工会建成温暖的职工之家。工会委员经常到临床科室倾听职工呼声、了解科室情况，及时掌握职工的思想动态，做好深入细致的思想政治工作，并主动接访职工，安抚职工情绪，充分调动职工的工作积极性。

一是组织职工疗休养。近两年来，院工会组织20批共1100人次劳模代表、退休职工、在职人员参加外出疗养活动，让职工在紧张工作之余放松心情，增进职工之间的沟通和交流，为医院发展补充正能量。

二是落实带薪休假制度。享受带薪休假是劳动者的合法权益，2015年8月

召开的国务院常务会议提出“推动各地落实带薪休假制度”，我院积极落实相关制度，充分保证职工休年休假的权利，并实行双休日上班调休补休制度。

三是开展“送温暖”活动。2014年腊八节，党委书记、工会主席袁瑞玉带队，将一碗碗热气腾腾的腊八粥送到患者和职工手中，传递了院工会的祝福和关爱。对婚、丧、病、困职工及时做好慰问、救济工作，使职工真正感受到医院的温暖。近两年来，主动及时慰问生病住院职工260人，慰问家有突发事情、生育孩子的职工150多人。同时，做好春节期间的“送温暖”工作，建立困难职工档案，并给予适当的补助。近两年来，为280位职工报销保育费，为605位职工发放独生子女奖励费，并为职工子女提供优惠活动信息（如启扬英语优惠报名活动）、办理厅幼儿园招生活动等。此外，做好劳模待遇落实情况的调研和劳模节日慰问工作。

四是着重强化职工队伍素质建设。在职工之家开辟“学习小天地”，订阅了《浙江工人日报》《中国卫生人才》等十几种报刊，使职工能够及时了解和掌握最新的工运发展信息，提高他们的法制观念、维权意识和政治素质。在业务素质建设上，院工会充分利用自身特点和优势，联合其他职能科室广泛开展业务技术培训、业务理论学习、岗位练兵、科普讲座、病历书写竞赛等活动，使职工业务素质不断提高。

五是切实做好服务女职工工作。院工会不断加强女职工工作建设，在深入实施女职工提素建功、维权服务、组织建设等工作中取得了明显的工作成效。考虑到我院女职工占全院职工2/3的实际情况，院工会与华为公司开展了公益相亲活动，为大龄青年牵线搭桥，并组织女职工参加女性系列公益心理沙龙活动、卫生计生委第二届“阳光女性、幸福中国”读书征文活动（叶英俊获优胜奖）、省直机关摄影书画比赛（吴国萍获摄影优胜奖、刘杰获绘画优胜奖）。此外，与院女职工委员会联合举办了长兴赏梅、植物园登山等“三八”妇女节活动。

五、建立职工书屋，为职工进行文化充电

职工书屋现有馆舍面积近400平方米，馆藏图书4000余册、期刊15000余册，设有报纸阅览室（每天提供20余种）、书库、中外文期刊库和电子阅览室，配有3名专职工作人员开展标准的中、外文图书分类编目工作和文献检索工作。

一是书籍分类齐全。图书馆现有中文期刊100多种，包括了国内几乎所有肿瘤学类的重点期刊，原版外文期刊达50余种，并引进了爱思唯尔外文期刊全文数据库，有效地发挥了职工书屋的典型示范和引导作用，鼓励广大职工热爱本职工作，不断学习新知识，掌握新技能，创造新财富，在全院上下形成了比、学、赶、帮、超的浓厚学习氛围，提高了职工队伍的整体素质，塑造了“文明之家”的良好形象。

二是运用互联网思维，创建网络图书馆。建立了图书馆门户网站，将图书馆的书刊资源整合起来，通过门户网站传递给读者，实现了图书馆资源的信息化建设。在院内网系统上安装了电子书库，方便本院职工在内网上阅读电子图书。图书内容涵盖了医学、哲学、文学、计算机、管理等多种学科。同时，职工可在手机上下载医院移动图书馆软件，在上万种书籍中选择自己所需要的内容。图书馆还配备10余台电脑以及专职管理人员，为职工提供文献检索咨询服务，并每天在电子显示屏上推荐最新的值得阅读的刊物和文章，在医院内网实时更新最新的外文期刊，让医务人员第一时间看到医学进展和动态。

六、发挥先进典型、先进标兵引路作用

近年来，我院涌现了一批骨干力量，发挥了先进典型、先进标兵引路作用。

2014年，综合病区的周慧娟护士长刚参加完卫计委援纳米比亚医疗队工作回到国内，就接到中华骨髓库浙江分库的电话，说她与一位白血病患者初步配型成功。于是，她捐献了造血干细胞，用真心点燃了另一个生命，并荣获2015年度浙江省五一劳动奖章。

2011年3月，乳腺外科七病区成立了友爱之家俱乐部，同时创建了友爱之家QQ群，组建了杭州首支乳腺肿瘤患者合唱团，于2014年5月登上了杭州红星剧院的舞台，并获得了2015年度浙江省工人先锋号荣誉称号。

2015年7月3日，周慧娟护士长和乳腺外科七病区在浙江省卫生计生委系统先进模范事迹报告会上代表先进模范发言，为我院争得了荣光，也在全社会宣传了和谐的医患关系，增进了医护人员的责任感。此外，院护理部、胸部肿瘤放疗部被授予“巾帼文明岗”称号，院工会被评为工会经审台账建设先进单位。

七、创新思路，为医院发展添新动力

近年来，院工会在做好“规定动作”的同时，还有不少创新性的“自选

动作”。

一是配合中国教科文卫体工会进行创新调研。由于在绩效改革方面有着先行一步的丰富经验，2014年10月，中国教科文卫体工会前来调研院工会参与单位收入分配制度改革的情况。毛伟敏院长从医院职工收入分配基本现状、收入分配改革后取得的成效、改革后出现的难点问题等方面，介绍与分析了院工会参与单位收入分配制度改革的情况，也对改革中出现的问题提出了自己的看法与建议，得到了中国教科文卫体领导的认可。

二是举办首届医院文化节。配合建院51周年纪念活动，院工会联合党办、团委共同开展了首届医院文化节活动，在院内外均取得了很好的反响，为宣传医院文化、营造医院和谐向上氛围、增强职工的凝聚力，起到了很好的作用。

三是进行职工生日蛋糕卡招标。2014年，院工会从以人为本的角度出发，改进了生日福利的发放形式，创新性地开展了2015年职工生日蛋糕卡的招标活动。经过对5个业内著名品牌的优势、产品口味及包装、报价、服务方案4个方面进行综合评分，最终有两家公司中标，为每位职工提供200元的生日福利（职工可以在蛋糕和面包充值卡中自由选择），避免了“一刀切”。

四是开展别开生面的“全家福”摄影活动。活动得到了全院各部门的全力支持和职工的热情参与，拍摄形式多样、创意迭出。2015年第2期的《中国卫生影像》杂志以我院行政“全家福”照片作为封面照，并以18个页面大篇幅地做了拍摄技巧和背后故事的介绍，切切实实地展现了我院医务人员的别样风采。同时，我院还注重对外宣传，在《钱江晚报》浙江名医馆微信公众号上进行了互动投票，职工的积极投票和转发为和谐医患关系进行了广泛有效的传播，使“全家福”活动在社会上取得了良好的反响。

五是召开首届医院职工运动会。全院共有700余人参加了入场式及比赛项目的激烈角逐，毛伟敏院长、袁瑞玉书记亲自率领院领导团队，同拔河比赛冠军医技一组进行了激烈的友谊赛。职工运动会既是丰富职工业余生活的平台，也是医院文化建设的重要内容。赛场上，广大职工发扬“更高、更快、更强”的奥林匹克精神，展示了锐意进取、奋发向上、争创一流的动人风采，进一步发扬了“仁爱和谐、博精创新”的医院精神，促进了医院的可持续发展。

围绕医科院中心工作　认真履行工会职能

浙江省医学科学院工会

2015年是全面深化改革、深入开展“三严三实”专题教育、全面贯彻落实中央党的群团工作会议精神的重要时期。浙江省医学科学院工会在院党委和上级工会的领导和支持下，紧紧围绕医科院中心工作，认真履行《工会法》赋予的职能，在服务职工、文化建设、扎实建家、扶贫助学、健全制度等方面积极开展工作，取得了一定的成效。

一、注重学习，提升自身综合能力

为了更好地围绕中心、服务大局，切实增强工会工作的责任感和使命感，平时注重理论学习，及时了解新形势下工会工作的目标任务，紧密结合形势任务和本院实际组织干部座谈讨论，认真学习十八届五中全会精神，深刻领会习近平总书记系列重要讲话精神及工会十六大提出的目标任务，积极参加“三严三实”专题教育活动，深刻领会精神实质，并与日常工作有机融合，努力践行“三严三实”。

认真学习全国总工会《关于新形势下加强基层工会建设的意见》《关于在全国基层工会广泛开展“争创模范职工之家、争做职工信赖娘家人”活动的通知》《关于加强基层工会经费收支管理的通知》等文件精神，进一步强化工会干部综合素质及工会工作职能，提高工会干部工作水平。2015年，共计组织工会干部参加各类交流、培训、讲座等近60人次。

认真准备、完成全国教科文卫体工会、浙江省直机关、浙江省卫生计生委工会等布置的调研材料、论文数篇，并获调研论文一等奖、浙江省卫生计生委系统工会工作电子台账大赛一等奖。

二、认真履职，推进维权服务进程

主动深入职工，倾听诉求，切实做好上传下达工作，努力为职工维权、服务，解决职工的实际需求。

组织召开了院三届十一次职工代表大会，认真完成了职代会的各项组织工作。紧紧围绕医科院深化改革重点，组织多次职工代表座谈会，就改革试点、岗位实施方案等职工关心的热点工作进行沟通、征求意见。

进一步推进职工食堂规范化管理，组织膳食管理工作会议，畅通听取各方意见建议的渠道，通过沟通会这个平台，加强后勤、食堂与职工代表的沟通交流，促进三方相互理解、尊重和支持，推动食堂在预约服务、增加特色菜、保温饭菜等方面下功夫，努力营造健康安全、和谐有序的用餐环境。

三、围绕中心，加强科研文化建设

职工之家建设与单位文化建设是相互促进的关系。院工会发挥先进典型示范导向作用，不断推进职工之家活动和“巾帼建功”活动，被评为浙江省卫生计生委系统2014—2015年工会宣传工作先进单位、职工文体活动优秀组织。此外，卫研所、情报所被评为2014—2015年度浙江省卫生计生委系统模范、先进职工小家。

充分发挥工会宣传职能，运用宣传窗、院网、院报、上级工会网等宣传阵地，弘扬潜心科研的劳模精神。2015年“五一”前夕，通过“凝聚正能量 共筑中国梦”主题橱窗宣传专栏，在“出人才、出成果、出效益”上下功夫，引导职工树立“走前列、创一流”的医科院梦想，进一步推进医科院精神文明建设。此外，2015年共计刊发各类文章近50篇，扩大了工会工作影响，广泛宣传了工会成果。

积极组织开展健康向上的文体活动，以喜闻乐见的活动载体，进一步增强工会组织的凝聚力，丰富职工业余文化生活。一是积极申请院行政资助，继续鼓励职工开展“1+1”全民健身活动。二是按照全国总工会、浙江省总工会关于职工疗休养最新文件精神，积极做好调研、预算工作，争取院行政的支持。三是努力维护职工权益，按照职工之家建设要求撰写书面报告，争取建成新大楼职工活动室。四是组织开展各类寓教于乐的文体活动，如迎新春文艺汇演，“普发杯”拔河，“与书同行　阅美人生”读书、荐书、讲书，趣味健身竞技等多项自主活动。五是组织参加上级各类文体活动，如省直机关“金海豚”干部职工游泳比赛、省卫生计生委划船大赛、乒乓球、羽毛球、足球、钓鱼、书画摄影、第三届读书征文等各类大型比赛。由于赛前精心准备、认真落实，医科院取得了游泳一等奖、划船二等奖、软笔书法三等奖等优异成绩，充分展示了医科院人的精神风貌及团队互助精神。

四、重视女工，促进医科院和谐发展

不断深化“巾帼建功”活动，及时组织女工干部会议，传达学习党的十八届五中全会精神及全国、省妇代会主要精神，引导和鼓励女职工结合医科院中心工作奋发向上，实现岗位成才。结合科研工作的特点，积极鼓励情报所《国际流行病学传染学杂志》编辑部申报委系统“巾帼文明岗”，激发并形成女职工崇尚知识、爱岗敬业的良好风气。

利用省直机关妇委会“三味书院”的宣传、教育平台，组织女职工参加名家讲座、培训班以及公益关爱等系列活动，用文艺文学、互动互联等各种交流形式，不断强化“工作学习化，学习工作化”理念，提升女职工的内在素养。根据女职工的特点，组织贴近女职工工作生活实际的读书、荐书、讲书活动，推荐20篇“阳光女性　幸福中国”读书征文，参加全国妇联等组织的第三届“书香三八”征文活动。组织80余位职工偕子女参加省总工会“安全在我心中”知识竞赛、职工子女安全急救培训等活动，帮助女职工提升家庭安全保护意识，感知生活的美好，体会工作的乐趣。

积极维护女职工的合法权益，营造人人崇尚好家风，共同培育好家风的浓厚氛围。在院行政的大力支持下，及时为女职工发放年度卫生费和职工子女节日礼物，并组织大龄青年联谊。2015年有3对新人参加了省直机关“立家训家风，树文明家庭新风尚”“五水共治”集体婚礼。

医科院多名女职工参加了省直机关文体协会时装队训练，坚持为基层服务，传承民族文化，展示国韵风姿。2015年，王俏、胡慧颖等人作为省直机关文体协会时装队主力队员，参加了2015中国（上虞）裘皮服装交易会开幕式，以行为艺术、晚礼服及四组主题旗袍等多种演绎形式上演了一场裘皮旗袍秀，并参加了2015年中国茶叶大会茶文化节开幕式、2015年杭州国际时尚周等大型活动。这些活动得到了浙江电视台1818黄金眼、浙江在线等媒体的相继报道，充分展示了医科院、卫生计生委、省直机关干部职工积极向上的精神风貌，也生动呈现了时装队全体队员积极响应省委、省政府服务基层号召，支持“美丽乡村”“美丽浙江”建设的具体实践。

五、扶贫帮困，开展爱心助学活动

积极开展扶贫、结对、爱心公益活动。按照省委“双服务”及工会“面对面、心贴心、实打实服务职工在基层”的活动要求，组织干部职工为金华莘畈乡中心小学送书、送助学金，开展联谊活动。积极参加省直机关“让爱托起明天的太阳”爱心妈妈系列活动，慰问青苹果乐园及省残疾人康复指导中心，以实际行动传递正能量。

牢固树立全心全意为职工服务的理念。积极努力帮助职工解决子女入托困难，全年慰问劳模、生病职工60余人次，实现全院343名职工全部参加2016年省级产业工会职工医疗互助保障工作。根据《困难扶助基金条例》，对患严重疾病的职工进行慰问，给他们带去医科院大家庭的温暖，并为5位身患大病职工、10位一般住院职工办理了工会医疗保障报销，化解职工患大病、重病医疗风险，鼓励职工保持健康心态，战胜病魔。此外，院工会继续推行公园卡、春秋游、职工每月集体生日会、重大节日职工福利等一系列服务措施和活动。

六、健全制度，管好用好工会经费

健全各项工会制度，坚持集体讨论和民主集中原则，定期召开主题明确、议程详尽的工会委员会及大组长工作会议，建立完善工会电子台账体系和管理制度，不断完善量化的工会大组考核办法，发挥导向作用，使各大组工作重点突出、任务明确。坚持量入为出、多数人普享原则，按预算计划合理安排工会活动，保证报销手续齐全、归类清晰。2015年，院工会按照《工会法》的要求，认真完成了工会法人变更的所有手续，保证了工会工作的有序开展。

切实履行四大职能　焕发工会生机活力

杭州医学院工会

学校和谐发展的关键是教职工的凝聚力和向心力，只有坚持以人为本的管理理念，激发每一位教职工的工作热情，才能推动学校的全面发展。近年来，杭州医学院工会按照学校教育教学改革和发展的总目标，紧紧围绕学校创优升本的中心工作，以师德师风建设为内容，以丰富多彩、富有成效的文体活动为载体，凝心聚力，努力开创工会工作新局面，焕发工会勃勃生机。

一、学校基本情况

（一）学校概况

杭州医学院前身是浙江医学高等专科学校，是经教育部批准的、培养高素质应用型医药卫生人才的全日制公办普通高等院校。现有全日制在校生5471人，设有临床医学等13个专业，有专任教师338人，并有享受政府特殊津贴专家、浙江省有突出贡献中青年专家、浙江省高校优秀教师、浙江省教学名师、浙江省级教学团队、浙江省“新世纪151人才工程”入选人才等高层次人才。学校始终把面向城乡社区和健康服务业需求、培养高素质医药卫生人才作为办学定位，牢固树立“质量立校，人才强校，文化兴校”的办学理念，坚持错位发展、特色发展，力争把学校建设成为一所医教协同、行业特色鲜明、省内知名的地方应用型医学本科院校。2016年1月，教育部高校设置委员会评审通过了学校升格为杭州医学院的申请。

（二）工会概况

校工会成立于1980年10月，现有会员450余人，下辖21个工会小组。现任工会委员会为第十一届委员会，由7人组成，设主席1人、副主席（兼）1人，宣传、体育、文娱、福利和财务委员（兼）各1人。校工会于1998年被全国总工会授予“全国模范职工之家”称号，2005年和2013年两次被中国教科文卫体工会授予“先进工会组织”称号。

30多年来，在浙江省卫生计生委工会和学校党委的领导下，校工会全面履行维护、建设、参与和教育四项职能，把坚决按照《中国工会章程》和有关法律法规独立自主开展工作同自觉接受党的领导紧密结合起来，把服务、维护教职工合法权益同组织、教育引导教职工紧密结合起来，不断提高为教职工服务的能力和水平。充分发挥党密切联系群众的桥梁和纽带作用，紧紧围绕学校中心工作开展工会工作，促进教职工队伍全面素质的提高，切实维护教职工合法权益，努力把学校工会办成广大教职员工热爱的，团结和谐、积极向上的教职工之家。根据教职工的不同兴趣爱好，相继成立了羽毛球、乒乓球、篮球、健康舞、登山、桥牌、钓鱼、书画、摄影和气排球10个文体协会，常年开展丰富多彩的文体活动，极大地提高了教职工的人文素养和身体素质。

二、加强工会自身建设，增强工会组织活力

校工会在校党委的领导和省卫计委工会的指导下，坚持以邓小平理论、“三个代表”重要思想、科学发展观为指导，贯彻落实习近平总书记系列重要讲话和关于工会工作的重要论述精神，坚持依法建会、依法管会、依法履职、依法维权，以组织建设为基础，以作用发挥为关键，以健全机制为保障，以职工满意为标准，突出服务职工，增强凝聚力，努力把学校工会建设成为教职工信赖的职工之家，把工会干部锤炼成为职工群众信赖的“娘家人”。

校工会坚持从工会组织的性质和特点出发，努力建设和完善“六有”工会。

一是有依法选举的工会主席。校工会现有依法选举的专职工会主席1人，工会副主席委员均为兼职。工会干部虽然绝大部分都是兼职，工作任务十分繁重，但大家仍兢兢业业、不计报酬、毫无怨言，经常利用业余时间做好工会布置的各项工作。

二是有独立健全的组织机构。校工会的工会委员会、经费审查委员会、女职工委员会、工会小组等组织机构健全。

三是有服务教职工的活动载体。校工会相继成立了书画协会等10个教职工文体协会，满足广大教职工的多样化需求。

四是有健全完善的制度机制。在工作实践中，注重实现工会工作的群众化、民主化、制度化、法制化。2015年陆续修订和增订了《浙江医学高等专科学校教职工代表大会工作规定》等8个规章制度。

五是有自主管理的工会经费。校工会有独立的财务账户，经费使用严格按照《浙江省总工会关于加强和规范基层工会经费收支管理的实施细则》执行，把有限的资金真正用于服务职工和工会活动。

六是有会员满意的工作绩效。经过校工会全体干部的不懈努力，工会服务教职工能力明显提高，工会组织吸引力、凝聚力明显增强，教职工对工会工作的满意度日渐增长。校工会获得了省卫计委工会2014—2015年度工会宣传工作先进、职工文体活动优秀组织奖，所撰写的《围绕学校中心工作，充分发挥工会作用》论文还获得了工会重点课题调研（论文）一等奖。

三、搞好职工之家建设，营造和谐温馨家园

（一）紧紧围绕学校中心工作，开创工会工作新格局

全面落实《高等学校教师职业道德规范》，以提高师德素养和业务能力为核心，以中青年教师和创新团队为重点，优化中青年教师成长发展、脱颖而出的制度环境。

一是领导重视。学校经常开展师德师风教育，校领导在多种场合就师德师风建设作重要讲话和动员，要求广大教师争做“三育人”（教书育人、管理育人、服务育人）标兵。

二是目标明确。以做人民满意的教师为宗旨，以提高教师思想政治素质、职业理想和职业道德水平为重点，着力解决教师队伍师德师风建设中存在的突出问题，努力打造一支“爱岗敬业、关爱学生，刻苦钻研、严谨笃学，勇于创新、求真博爱”的高素质教师队伍。

三是措施过硬。学校向各系（部）下达师德师风建设目标责任书，每一位教师都有详细的师德师风建设目标任务，并要作出承诺，接受学生、家长和社会的监督。

四是健全机制。通过师德师风教育活动进一步建章立制，积极探索学校规范师德师风管理和建设的长效机制，建立健全学习培训、民主评议、情况报告、考核评估和责任追究制度。

（二）切实维护教职工合法权益，建设教职工民主之家

校工会从切实维护教职工的权益出发，定期开展各类法律、法规的学习，增强领导干部依法行政的意识，提高教职工自我保护的意识。要求工会委员深入工会小组，与工会小组长共同建设模范工会小家。以教职工代表大会（以下

简称“教代会”）为载体，切实维护教职工的合法权益，促进学校民主政治建设，完善教代会制度，坚持以高标准建设教代会，使教代会真正成为推进高校民主政治的重要载体。进一步完善了教代会代表列席校长办公会议制度，让教代会代表参与学校重大事项的决策过程。按照《工会法》的要求，不断转变工作方式和方法，积极协助党政解决涉及教职工切身利益的现实问题，维护教职工的合法权益。积极营造党委领导、行政负责、工会推动、教职工参与的构建和谐劳动关系工作新格局，并于2016年3月成立了以工会主席为主任的校劳动人事争议调解委员会。

（三）真切关心教职工疾苦，建设教职工温暖之家

深入开展“送温暖 献爱心”活动，努力为教职工办实事、解难事、做好事，热心为教职工服务，建立常态化、长效化帮扶工作机制。暑期慰问假期加班人员、临安新校区建设人员、重大病住院人员、特困教职工，服务于人才引进及师资队伍建设，参与教职工邻里矛盾调解和外来务工人员的调查统计等工作。协助学校做好教职工健康检查、安居工程建设工作。关心女教职工，开展“三八妇女节”系列活动，如法律知识、健康知识、子女教育问题等讲座，组织女性才艺展示、家政培训等活动，建立女教职工哺乳室，并帮助解决教职工子女入托难问题。

（四）开展丰富多彩文体活动，建设教职工活动之家

丰富性和多元化是职工之家活动的突出特点。校工会利用已建好的“师生之家”场地，开展民主政治型、专业发展型、健身保健型、美化生活型和休闲娱乐型等各种形式的活动，探索富有创意的活动形式，如会议类、座谈类、培训类、主题沙龙类、竞赛类、联谊类、展示类、演出类和参观考察类等。通过形式多样的文体活动，增强了教职工的凝聚力和工会工作活力，活跃了校园氛围，增进了教职工之间的友谊。校工会组织职工参加了浙江省第二届“书香三八”读书征文活动，共选送4篇作品参赛，其中李蓉老师的《路上，静静开放的矢菊花》一文荣获优秀奖。此外，王晔楠老师在第二届浙江省直机关妇委会三味书院讲书大赛中荣获优胜奖，张纯老师代表省卫生计生委参展的作品《万物苏醒》荣获省直机关“巾帼奉献‘中国梦’女职工书画摄影展”绘画类优秀奖。

（五）推进教职工队伍建设，建设教职工学习之家

校工会结合实际情况，会同教导处和各系（部），狠抓教师队伍专业素养

提高工作，积极创设条件，逐步形成教职工自觉更新和钻研科学知识、业务知识的良好氛围，不断提升专业技能，实现个人和集体的可持续发展。此外，积极引导各教研室学会交流和合作，从而增强集体凝聚力、调动个体积极性。

（六）开展趣味文体活动，建设教职工健康之家

多年来，校工会时刻关注教职工的身心健康，除正常的健康体检、走访慰问、关怀帮困外，还不断创新活动形式。每周三、周五中午安排教职工跳排舞和学习拉丁舞，爱好舞蹈的老师随着悠扬的音乐翩翩起舞，用曼妙的舞姿舒展内心无比喜悦的心情。每年“三八”妇女节，或组织踢毽子、登山、跳绳接力等比赛，或组织外出踏青、集体野炊，让职工走进自然，放松心情。对一年一度的教工趣味健身运动会，校工会总是认真思考、反复讨论，设计出的活动既安全有趣，又能达到锻炼的目的，更能体现合作的理念。

此外，校工会还组织职工参加校外的文体比赛，并屡获佳绩，如参加浙江首届生态运动会——卫生计生系统第四届职工划船比赛，获得第一名的空前好成绩；参加卫生计生系统钓鱼比赛，在全省25支代表队中荣获第七名、三等奖。每年举办的“庆‘七一’唱响校歌歌咏比赛”，受到全校师生的热烈欢迎和积极参与，彰显了杭医人求真博爱、务实创新的精神风貌，抒发了全校师生锐意进取、再创明日辉煌的豪情壮志。

开展群众性文体活动　丰富职工精神文化生活

浙江省卫生监督所工会

开展群众性文体活动是丰富职工业余文化生活的需要，更是单位文体建设的需要。如何结合本单位的实际，积极开展丰富多彩、喜闻乐见、寓教于乐的群众性文体活动，丰富职工文化生活，倡导健康的生活方式，增强职工的身心健康和单位的凝聚力，从而更好地促进单位的和谐发展，是浙江省卫生监督所工会近年来一直认真探索的课题。

一、开展文体活动的探索与实践

近年来，卫监所始终坚持“以人为本”的理念，以普遍参与为重点，遵循“大众参与、广泛适宜、全民健身、兼顾特色”的原则，把提高职工的生活质量和健康需求作为工作的出发点和落脚点，因地制宜地开展了丰富多彩的群众性文体活动。

（一）领导重视，经费保障到位

所领导对开展群众性文体活动给予了大力支持，凡是所里的重大文体活动，如每年的登山活动、春节文艺表演，所领导都积极参与。平时，所领导经常以普通职工的身份参加活动，由工会主席朱红领衔表演的《红色娘子军》舞蹈节目，获得了全省卫生系统“护卫生命·向党报告”文艺汇演一等奖。领导的重视不仅增进了领导与职工之间的感情，更促进了上下关系的和睦，极大地激发了职工参加文体活动的热情。同时，所领导在活动所需的人员、时间、经费上都给予了大力支持，如组织文体活动所需的场地、器械等，都由工会统一安排购买，确保了文体活动的顺利开展。目前，卫监所已经形成党政领导支持、工会组织实施、各方配合的工作格局。

（二）针对职工的兴趣特长，建立健全各类文体组织

准确把握广大职工在文体方面的兴趣、爱好、特长，是开展好群众性文体活动、丰富职工文化生活的重要基础。所工会针对87名会员的年龄、性别、兴

趣、特长，分别建立了乒乓球、羽毛球、马拉松、划船、太极拳、摄影、读书观影7个文体兴趣小组，并制订了全所的文体活动计划，明确了各小组的活动主题，指导各小组主动开展活动。通过这些有效的文体活动载体，引导职工积极、自觉、持续地参加各项文体活动。

（三）文体活动主题明确，因地制宜，形式多样

科学合理地开展文体活动，能够调动广大职工的积极性，在推动单位和谐发展和引导职工为实现目标奋斗的过程中，具有很强的亲和力和凝聚力。所工会根据上级的要求和卫监所发展的需要，组织开展了各种专项主题活动。例如，举办了春节文艺表演、职工趣味运动会、爬山、健步走等活动，全所职工人人参与、互相配合，极大地激发了职工的团队意识，增强了整体凝聚力。同时，连续3年组织承办了厅直单位的划船比赛，并在各兴趣小组内部选拔的基础上，积极组队外出比赛，参加了全省卫生监督系统钓鱼比赛、乒乓球比赛、羽毛球比赛，委直单位的文艺汇演、划船比赛、读书征文比赛、演讲比赛，以及杭州、无锡、嘉兴马拉松比赛等，较好地树立了卫监所积极向上的形象。

（四）各项比赛成绩斐然

在上级组织的各项文体活动中，卫监所都积极参加，并多次获得了荣誉。曾获得全省卫生系统“护卫生命·向党报告”文艺汇演一等奖，划船比赛三等奖，乒乓球比赛个人第三名等。通过外出参加活动比赛，增强了卫监所的影响力和职工的团结拼搏精神，展示了卫监所人热爱生活、热爱事业、团结奋进的无限活力和精神风貌，同时也极大地促进了卫监所文体活动的开展。

二、开展文体活动的体会

近年来，所工会通过开展职工文体活动，活跃了广大职工的业余生活，增强了职工的团队意识和凝聚力，有效地促进了卫监所健康、快速、持续、和谐发展。

（一）文体活动是宣传单位和谐发展的良好形式

所工会组织开展的各类文体活动，为职工强身健体和思想情感交流架起了沟通的桥梁，同时激发了职工奋发向上、勇于拼博的斗志，提升了士气，并在一定程度上培育了团结和谐、齐心聚力的精神，对卫监所文化建设的潜移默化作用非常明显，形成了和谐发展的先进文化氛围。

（二）文体活动是促进职工团结和谐的良好途径

文体活动以团体竞赛为载体，以职工普遍参与为重点，营造了团结奋进的氛围，增强了职工的团队意识，提高了职工的凝聚力和归属感。内部文体活动、外出比赛多数是以单位或科室团体得分计名次，只有团结一致、齐心协力的团队才能获得名次。在开展职工文体活动的过程中，所工会始终围绕卫生监督的中心工作，把着力点放在提高职工团队的综合素质上，不断增强职工的团队意识和凝聚力，体现了单位所需、职工所求、党政所谋、工会所能，达到了提高职工健康素质与促进职工团队建设的双赢效果。

（三）文体活动是提高职工综合素质的良好载体

文体活动有着丰富多彩的内容和形式，各类竞技比赛是文体活动的主要内容。职工在参加各类竞技比赛时，最容易表现出内在品质和思想作风，而比赛规则、精神文明规范都约束着活动按照章程进行，能够在无形中对参赛人员和观众进行自然有效的教育。在各种大小赛事中，互帮互促、互尊互爱的场面比比皆是，使职工从比赛小事到单位和谐发展大事，达到了由外在到内在实质的不断升华和拓展。

（四）文体活动是职工强身健体、愉悦身心的必要手段

随着改革的深入，卫生监督任务越来越重，职工的工作、精神压力较大，身心感到疲惫。文体活动既能强身健体，又能开阔心胸、愉悦身心，释放和化解生理、心理的压力，使广大职工达到身心健康的锻炼目的。

今后，所工会将始终坚持以人为本，进一步强化全民健身意识，丰富文体活动内容，突出群众性、健身性、科学性，真正做到职工文体活动生活化，不断满足广大职工日益增长的物质和精神需求，为卫监所的和谐发展以及构建社会主义和谐社会作出应有的努力。

弘扬麻防精神　加强文化建设 开展建家工作　促进事业发展

浙江省皮肤病防治研究所工会

近年来，在浙江省卫生计生委的坚强领导下，浙江省皮肤病防治研究所（简称“皮防所”）工会始终把文化建设放在重要位置，积极开展职工之家建设，坚持以人为本的思想导向，大力弘扬“爱岗敬业，无私奉献”的麻风病防治（简称“麻防”）精神，用社会主义核心价值观引领卫生文化建设，努力培育积极向上的卫生职业精神和良好的医德医风，进一步丰富卫生文化建设内涵，打造卫生文化品牌，使文化建设在维护单位和谐稳定，促进单位事业的发展中发挥了重要作用。

一、单位基本情况

浙江省皮肤病防治研究所（曾称浙江武康疗养院、浙江省皮肤病医院、浙江省性病预防控制中心）隶属于浙江省卫生计生委，为公益一类事业单位，是全省麻风病性病预防控制中心。其前身是始建于1887年的杭州广济麻风病院，1952年被浙江省人民政府接管，1956年与浙江省麻风病院合并后改称浙江武康疗养院，是我国近代建立时间最早、规模最大的麻风病院。现主要承担着全省麻风病性病的防控、人员培训、健康教育、实验室质控和技术指导，麻风病危重病人救治，麻风病畸残康复者的康复、医疗、护理和关怀照料等公共卫生管理职能。

二、文化建设主要工作

（一）围绕中心，着力推进思想文化建设

思想文化是卫生计生文化的灵魂和根本，关系到卫生计生事业发展的方向。所党政领导班子高度重视党员和职工的思想教育，以学习会、座谈会、党课、宣传栏、网站、道德讲堂、微信群等多形式、多角度、多层次的活动方式

来开展思想政治工作。组织全所干部职工认真学习贯彻十八大，十八届三中、四中、五中全会和习近平总书记系列讲话精神，引导教育职工在思想上、政治上、行动上与党中央保持一致。扎实开展党的群众路线教育实践活动和“三严三实”专题教育，进一步坚定党员干部的理想信念，增强干事创业的决心。加强职工社会公德、职业道德和家庭美德教育，引导职工积极践行社会主义核心价值观，树立正确的人生观和价值观，并连续3年评选最美家庭，弘扬文明新风。围绕单位中心工作，带领广大会员投身于省级文明单位、全国三八红旗集体的创建活动中，以工作促创建，以创建求发展，为单位各项事业和谐、稳定、健康发展提供强大的思想保证和精神动力。

（二）突出引领，着力推进职业文化建设

以“爱岗敬业，无私奉献”的麻防精神为引领，强化全所干部职工职业道德教育，增强职工的责任感和奉献精神，提高职工的职业道德水平。

1.选树职业文化建设先进典型。

在各级领导的关怀重视，社会各界的关心帮助和所党委、所工会的教育指导下，上柏住院部医疗团队积极传承和发扬麻防精神，经媒体报道相关事迹后，引起各级领导的高度重视和社会各界的强烈反响，被国家卫生计生委、浙江省委省政府、浙江省卫生计生委列为践行社会主义核心价值观的先进典型，2015年又被中宣部授予“时代楷模”荣誉称号。根据国家卫生计生委和中共浙江省委宣传部的部署，报告团先后在北京人民大会堂、浙江省人民大会堂以及贵州、山西、吉林、新疆和浙江省内举办了40余场报告会，听众达30000余人，多家报纸、广播、电视、网站等中央、省级媒体积极报道，很好地宣传和弘扬了麻防精神，传递了正能量，树立了新时期卫生计生工作者的良好形象。

2.营造比学赶超的良好氛围。

通过采用学习动员大会、中层干部交流座谈会、各科室和党群组织分别开展集中学习、撰写学习心得体会等形式，在全所范围积极开展向身边榜样——上柏住院部先进集体学习系列活动，掀起了学先进、见行动、争优秀、比贡献的热潮，营造出讴歌时代楷模、礼敬时代楷模、学习时代楷模的浓厚氛围，为促进单位建设发展提供了强大的精神动力。

3.认真落实两个责任，扎实推进廉政文化建设。

落实党风廉政建设党委主体责任和纪委监督责任，切实把党风廉政建设与业务工作同部署、同落实、同检查、同考核。将廉政文化建设贯穿于日常工作和学习中，坚持防微杜渐，落实党风廉政责任制，注重廉情分析，做到前移监督关口，防患于未然。加强医德医风教育，完善医德医风考评制度，积极引导医务人员严格遵守《加强医疗卫生行风建设“九不准”》，做廉洁自律表率；要求党员医务人员作出坚决抵制药品回扣、红包等行业不正之风，自觉接受群众监督的承诺，并在全所进行公示。通过落实这些措施，全所医务人员做到了牢记职责、严于律己，至今未发现一起收受红包、回扣的违规现象，树立起风清气正、廉洁行医的良好形象。

（三）创新载体，着力推进品牌文化建设

1.建设单位核心价值体系文化。

进一步激发全所职工团结向上，以所为家、以所为荣的主人翁精神。在全所范围内征集和评比单位组织文化有关内容时，全所干部职工积极参与，最终确定形成了LOGO和组织文化体系。同时，注重文化载体的传播和宣传作用，使“和谐、奉献、创新、发展”的核心价值观逐步内化到职工的行为中，增强全所干部职工的向心力、凝聚力和社会责任感。

2.上柏住院部已成为全国麻风院村管理和服务的标杆。

目前，上柏住院部在麻风病治疗、残疾护理、心理护理、人文关怀、后勤管理等方面处于全国领先地位，其规范化管理和创新举措得到国内外众多领导和同行的密切关注和高度评价，真情付出赢得了麻风病休养员的赞扬认可和亲如一家的医患关系。自2005年起，上柏住院部围绕“大山中也有文明的脚印”的主题，扎实开展青年文明号创建工作，获得2012年度国家级“青年文明号”称号，成为全国麻风病防治界唯一获此殊荣的集体。

上柏住院部在管理中制定了人性化的服务措施，首推全国麻风村医务人员24小时值班制度、建立麻风病健康档案、为生活不能自理的麻风病畸残康复者提供专人看护，还开展了品管圈、金点子和文明服务之星评选等特色管理活动；开展心贴心服务，视麻风病休养员为亲人，用真情传递党和政府的温暖，使休养员们在麻风村安享晚年；培养出3名国家级心理咨询师，建立了健康宣教室，医护人员还利用业余时间学习心理知识，对麻风病患者开展心理咨询及心理危机干预活动，促进了患者的心理健康。

3.建成国内首家麻风史料陈列馆。

在上柏住院部建成国内首家省级麻风史料陈列馆，用文字、图片、实物和多媒体等多种形式普及麻风病基本知识、展现浙江省麻风病防治历史、弘扬

“爱岗敬业，无私奉献”的麻风病防治精神等。上柏住院部还配合浙江省卫生计生委宣传处筹建“中国麻风病防治陈列馆浙江馆和卫生计生文化宣传基地”，并在第63届世界防治麻风病日慰问活动上进行揭牌和宣传，旨在通过基地建设，以多种形式呈现浙江省卫生计生系统文化和麻风病防治事业的传承与发展，展示当代卫生计生工作者的良好风貌，促进卫生计生事业的发展。

（四）丰富内涵，着力推进精神文化建设

1.开展积极向上的文体活动。

围绕单位建设发展，结合职工精神需求，积极发挥工会组织作用，开展形式多样的文体活动，不断丰富文化建设内涵。近年来，开展了新春联欢会、包饺子暨厨艺大赛、职工趣味运动会、乒乓球比赛、登山踏青、农家生活体验、演讲比赛、读书征文等活动，并成立了各类兴趣小组，进一步调动了职工的工作积极性，增强了凝聚力。2014年、2015年连续开展了“十件大事”评选活动，弘扬社会主义核心价值观、传递正能量，进一步激发全所干部职工关心单位建设发展的热情。积极开展职工书屋建设，并以职工书屋为依托，营造良好的学习氛围，提高职工的读书质量和品位，从而进一步推动单位文化建设。

此外，通过积极参加上级组织的各种活动，不断扩大单位影响力。其中，选送的《金车山下的温馨之家》纪录片荣获第二届全国卫生计生系统优秀影视作品征集活动优秀奖；推荐的老照片获得全省卫生计生系统老照片及故事征集活动三等奖；以上柏住院部医疗团队为原型，自编自导自演的微电影《天使日记》通过了全省卫生计生系统微电影大赛评审。

2.扎实开展职工之家建设。

贯彻落实全国总工会和浙江省总工会的要求，扎实开展“争创模范职工之家、争做职工信赖娘家人”活动，并根据单位实际制定完善切实有效的建家措施，始终把竭诚为职工服务作为一切工作的出发点和落脚点，平时注意听取职工所反映的在工作、学习、生活方面的问题及合理化建议，并积极向所党委和行政反映，为职工办实事，解难事。组织职工参加大病医疗互助保障，减轻职工患重症时的医疗负担。加强对在职职工和老同志病、丧期间的关怀。关心女职工工作、生活，每年“三八”节配合所行政、妇委会做好慰问活动和女职工活动。加强职工小家建设，各工会小组自主组织培养多肉植物、技能比武、室内健身、摄影比赛等活动，使职工感受到“小家”的温暖，提升“小家”的活力，促进“大家”的全面发展。

3.致力于为麻风病休养员送温暖。

不断改善麻风病休养员的生活和医疗条件，为他们增容了供电设备，修建了后备水源，整治了生活环境，为每间病房安装了呼叫系统、空调和热水器，更换了液晶电视，并开通数字电视；完善医药费报销制度，每年为休养员进行健康体检，实现了休养员真正的院内外免费治疗；规范化改造休养员住房，重新装修室内活动室，新建室外锻炼场所，建成洗衣房，定期为休养员更换清洗床上用品。此外，连续6年开展为麻风病休养员“大年初一送饺子、端午节送粽子、炎炎夏日送清凉、中秋节送月饼、重阳节送长寿面、助残日送温暖”等献爱心系列活动，传递党和政府对麻风病休养员的关爱。

4.关爱群众，热心公益事业。

开展以“下基层、促医改、送健康”为主要内容的“基层走亲连心”活动，热心公益事业，与武康镇龙凤村开展结对共建，为敬老院老人及福利院孤儿献爱心，进社区、企业、工厂为群众提供医疗咨询，还义务为当地老年大学授课，讲解健康科普知识。近年来，共开展医疗咨询、授课活动数十次，惠及人群5000人次，得到了当地群众的欢迎和好评。

此外，成立了国内首支省级麻风病畸残康复医疗队，坚持开展全省巡诊活动，免费为麻风病患者实施畸残康复手术和技术指导，极大地改善了麻风病畸残康复者的生活质量；组建了浙江省麻风病防治志愿服务队，在全省范围内开展形式多样的志愿者服务活动，切实维护麻风病患者和畸残者权益。

三、文化建设取得显著成效

通过开展文化建设，凝聚了全所职工的力量，增进了职工之间的交流，提升了单位的正能量，促进了各项事业的发展。单位全面履行公共卫生职能，麻风病性病防治工作继续走在全国前列；医疗业务稳步发展，就诊人次和业务量逐年实现较大幅度的增长；成功创建了浙江省文明单位，荣获全国“三八红旗集体”、2013—2014年度全国群众满意的卫生计生机构、浙江省思想政治工作优秀单位、浙江省平安创建工作先进单位等荣誉称号。

文化建设是一个持久的过程，需要逐步发展和完善。今后，所工会将继续加强文化建设，将卫生文化建设不断融入单位改革与发展的实践中，不断增强卫生计生文化事业的生命力、创造力和影响力，促进单位各项事业健康、可持续发展。

一切为了职工　全面服务职工

浙江省疾病预防控制中心工会

浙江省疾病预防控制中心工会在上级工会和中心党委的正确领导下，始终以宪法为根本活动准则，遵守《工会法》和《中国工会章程》，紧紧围绕中心的主要目标任务，切实履行维护职能、建设职能、参与职能和教育职能，以促进中心民主建设为基础，以参与单位文化建设为载体，以完善工会服务体系为重点，在调动职工积极性，提高职工素质，维护职工合法权益，营造并维护安全、舒适的工作环境等方面发挥着重要的作用。

一、以加强学习为重点，提高职工素质，建设学习型职工之家

（一）加强政治学习，落实工会精神

认真贯彻学习党的十八大和十八届四中、五中全会精神，工会十六大精神，中央、浙江省党的群团工作会议精神，以及习近平总书记系列重要讲话精神，深入贯彻落实全总《关于新形势下加强基层工会建设的意见》《关于在全国基层工会广泛开展“争创模范职工之家、争做职工信赖娘家人”活动的通知》和浙江省总工会《关于新形势下全省基层工会深入开展职工之家建设活动的实施意见》《关于加强和规范基层工会经费管理的实施细则》等工会文件精神。

（二）强化普法宣传，推进业务工作

为深入贯彻党的十八届五中全会和习近平总书记关于建设法治中国的系列重要讲话精神，进一步增强知法、学法、懂法、守法意识，中心工会结合中心的业务工作，认真开展“六五”普法学习活动，组织全体职工学习《工会法》《宪法》《传染病防治法》《食品安全法》《艾滋病防治条例》和全民健身知识，并组织竞赛活动。

（三）开展教育活动，激发工作热情

充分利用中心内部场所，组织广大职工在学术报告厅观看向践行党的群众路线的好干部兰辉同志学习的影片《兰辉》，以及《青春雷锋》《智取威虎

山》《太行山上》和《百团大战》等爱国主义教育影片。在清明节或抗战纪念日，积极组织职工参观各类纪念馆、聆听前辈的革命故事等活动，重温历史，缅怀先烈，传递积极的、健康的、催人奋进的正能量，从而激发职工立足岗位认真学习、努力工作的热情。

二、以推进民主管理为重点，强化职代会制度建设，建设维权型职工之家

（一）健全工会组织，按时落实换届

中心工会现有工会委员9名，设有工会主席和专职副主席，下设经费审查委员会和女职工委员会。工会年度工作纳入党委年度综合目标责任制，重点内容纳入行政综合目标责任制，党政一起部署、一起落实、一起检查、一起考核，建立了长效机制，分工明确，责任落实，确保了工会工作质量。工会委员会换届前，及时向省卫生计生委工会提出申请报告，制定换届改选的实施方案，严格按照相关规定进行换届工作，同时及时变更工会组织机构代码证、工会法人资格证书、工会机构信用代码证和开户许可证等。

（二）召开代表大会，维护职工权益

职工代表大会（简称“职代会”）是实现民主管理的基本形式，也是职工行使民主管理权利的机构。中心制定了《职工代表大会制度》，每年按时召开一次职代会。为了确保提交职代会审议报告的完整性、科学性和实效性等，在职代会召开之前，通过征求处所意见和对处所长、高职、民主党派人士等各层面的人员进行座谈等形式，对材料进行全面的意见征求。会议审议通过中心年度工作报告、年度财务预算执行情况及次年度财务预算报告等，并听取中心上一次职代会提案处理及本次职代会提案收集整理情况的汇报。在涉及单位发展稳定的重大事项和职工关心的热点问题的讨论和决策时，及时召开临时职代会，确保职工享有中心重大决策的知情权、参与权、审议权、通过权，切实强化了中心的民主决策、民主管理和民主监督。

（三）加强提案收集，表彰优秀提案

为了发动更多的职工代表积极运用提案形式建言献策、履行职责，促进中心的建设发展，中心工会在职代会召开前开展提案征集工作，要求各位职工代表紧紧围绕中心的目标任务和职工普遍关心的问题，认真组织调研，集思广益，努力提出高质量提案。中心工会认真处理职代会所提出并立项的提案和建

议，并根据主席团会议意见，督促职能处所落实提案工作，提案办理满意率达到了100%。同时，为了鼓励先进，进一步提高职工代表的参政议政能力，中心工会继续以高度的责任感深入调查研究，并开展了优秀提案评选表彰活动。

（四）管好用好经费，完善经审工作

中心工会坚持“统筹兼顾、保证重点、量入为出、收支平衡、略有结余”的原则，收好、管好、用好工会经费。中心工会的日常活动严格按照浙江省总工会《关于加强和规范基层工会经费管理的实施细则》（浙总工财字〔2015〕1号）文件要求执行预算，运用有限的经费积极为职工办实事、谋福利，并接受卫生计生委工会经审委的经费审计。同时，严格财经纪律，及时、足额向上级工会缴纳会费。

三、以弘扬劳模精神为重点，关爱职工生活，建设服务型职工之家

（一）弘扬劳模精神，关爱劳模生活

中心的劳动模范是中心职工的杰出代表，也是中心广大职工学习的楷模。工会致力于劳模的日常管理工作，认真做好春节和“五一”劳动节的劳模慰问工作，组织安排劳模疗休养工作，开展劳模经验事迹报告会，在全中心大力弘扬劳模精神、劳动精神，引导中心广大职工树立辛勤劳动、诚实劳动、创造性劳动的理念，营造学习劳模、争当劳模氛围。

（二）深化“送温暖”工程，当好职工“娘家人”

中心工会一直以来都致力于把职工的合法权益维护好、把党政领导对职工的关心落实好。切实开展“四必访”活动，即职工患病住院必访、女职工生育必访、职工家庭生活困难必访、职工及直系亲属亡故必访；积极参与开展“服务基层服务群众”、志愿者服务、帮扶结对、金秋助学、生日慰问、高温慰问等活动，尤其针对疾控工作的特点，努力做好援非抗击台风和援非抗击埃博拉人员家属等的慰问工作；组织单身职工参加青年联谊活动，维护女职工合法权益，帮助解决职工子女入托难问题。把竭诚为职工群众服务作为工会一切工作的出发点和落脚点，把党和政府的关怀送到广大劳动群众心坎上，不断赢得职工群众的信赖和支持。

（三）增强服务意识，开展便民活动

随着社会的发展，人们的需求趋向个性化、多样化，中心工会根据职工需求，创新服务形式、拓展服务内容，利用中午休息时间开展了加油卡充值优

惠、车险团购、手机免费贴膜、家庭净水器优惠推广、银行卡优惠办理、健康生命探知体验和职工流感疫苗接种等便民活动，为有需要的职工提供便民服务，努力打造成满足职工需求的好帮手。

四、以推进科研技术为重点，加强培训指导，建设创新型职工之家

（一）推进科研培训，提高技术能力

力求做到在工作思路、工作模式和工作方法上不断创新，精心设计教育培训形式。目前，根据环境污染、职业性放射等危害因素不断增强，新型传染病、慢性疾病、营养失衡相关疾病不断发生，疾病预防控制领域业务有待研究解决的问题不断增多的特点，各工会小组结合自己部门的专业特点，每月开展业务学习，择机举办科研培训和技术比武等活动，以提高职工的专业知识和技能水平，并在全国技能竞赛中获得急性传染病防控和突发中毒事件应急处置两项一等奖。

（二）学习借鉴经验，推动工会工作

为了学习借鉴兄弟单位先进的工会工作经验，不断提高工会干部工作水平，搭建学习交流平台，进一步推动和完善中心的工会工作，中心工会组织各工会小组长赴浙江医院学习。通过学习交流，对中心工会以及各工会小组的工作起到了积极的指导作用，也审视了目前工会工作所存在的不足，为今后进一步推动中心工会的发展提供了宝贵经验。

（三）丰富文化生活，提升艺术修养

为积极倡导全民阅读，营造“多读书、读好书”的良好氛围，中心工会组织开展了“健康生活，完美人生”读书征文活动；邀请《都市快报》图书工作室主任、杭州市作家协会副主席孙昌建老师作“互联网时代的阅读和写作，兼谈怎样写读后感”的讲座，努力培养职工良好的阅读习惯；举办了书画摄影培训和迎新年书画摄影展，并参加了全省机关干部“家风家训”书法作品展，充分发挥了工会组织和广大群众在文化建设中的作用，丰富了中心职工的文化生活，提升了职工的文化内涵和艺术修养，促进了中心的文化建设。

五、以开展文体活动为载体，丰富业余生活，创建和谐型职工之家

（一）弘扬疾控文化，丰富职工生活

为展示职工良好精神风貌，营造团结务实、和谐奋进的良好氛围，中心工会每年联合党办举办年度职工迎春联谊会，各处所结合实际情况，自编自导自

演丰富多彩的节目，并评出一、二、三等奖及组织奖、优胜奖，并适时与中心团委联合开展“绽放职业风采，欢唱疾控好声音”歌咏比赛和凝聚正能量的演讲比赛等。

（二）倡导健康方式，提高健康意识

根据节日特点开展庆祝活动，如清明节的踏青活动、迎“五一”健步走、迎国庆环湖行和迎元旦拔河比赛等。中心积极组队参加由杭州市体育局等4家单位联合主办的2015年第五届国际（杭州）毅行大会，全体队员圆满完成了15公里的毅行路程。通过开展各类活动，宣传了健康知识，考验了顽强毅力，追求了团队协作，锻炼了互助精神，真正达到了中心倡导健康生活方式，提高全民健康意识的目的。

（三）开展文体活动，展示精神风貌

为丰富职工的文体活动，满足具有不同兴趣爱好的职工的精神需求，促进中心文化建设，中心工会组织职工参加篮球、乒乓球、羽毛球、摄影、游泳、毅行、瑜伽和排舞等兴趣小组，各兴趣小组根据自身特点开展比赛活动。每两年召开一次职工运动会，积极参加省卫生计生委工会组织的各项比赛等，充分展示疾控人良好的精神风貌。

中心工会是党联系职工群众的桥梁和纽带，要在党的领导下，坚定不移走中国特色社会主义工会发展道路，坚守工会工作的主战场，狠抓工会工作的中心任务，模范履行工会组织的政治责任，更好发挥工会组织作用。要紧紧围绕“四个全面”战略布局，按照“三个着力”的要求，以加强基层工会建设“落实年”为契机，通过开展“争创模范职工之家、争做职工信赖娘家人”活动，促进工会组织覆盖面明显扩大、服务职工能力明显提高、工会干部队伍素质明显提升。要带领广大职工勤奋劳动、扎实工作，锐意进取、勇于创造，在实现省级一流疾控中心总目标的伟大征程上再创新的业绩。

规范建设强组织　凝心聚力助发展

浙江省血液中心工会

多年来，浙江省血液中心工会在委工会和中心党政领导的重视、支持和指导下，在中心全体会员的积极参与下，以服务采供血中心工作，促进单位和谐为目的，认真履行工会组织的各项职能，维护广大职工的合法权益，被评为全国科教文卫体系统先进工会组织、浙江省模范职工之家，积累了一定的工会工作经验。

一、规范组织建设，建设一个基础夯实的工会

基层工会组织建设是工会一切工作的基础，基层组织的建立和巩固是一个长期的过程。

（一）主动争取党政的支持

一直以来，中心工会工作得到了党政领导班子的大力支持和指导。一是从人、财、物多方面给予工会工作必要的保障；二是在班子会议上讨论工会开展的各项活动，并将工会工作列入中心年度工作目标；三是在全体职工中进行广泛动员，保障各项活动的高参与度；四是在工会各项制度、机制的建设中给予指导和规章制度方面的支持，比如将工会工作的有关指标纳入中心综合目标责任制考核和党支部目标考核中；五是班子成员积极参与到各项活动中，起了很好的带头示范作用。

（二）健全工会组织体系

2013年，中心工会完成新一届职工代表和工会委员会的换届选举工作，产生正式代表56名，约占中心在岗职工总数的25%，选举产生了第三届工会委员会和经费审查委员会，完善了女职工委员会和工会小组设置，实现了三个委员会同步开展工作，进一步健全了组织体系。

（三）不断推进工会制度建设

多年来，中心工会不断建立并完善各项工会制度，先后制定了《职工代表

大会制度》《职工福利费管理和使用办法（暂行）》《浙江省血液中心职工代表大会工作规程》《浙江省血液中心职工代表大会提案工作暂行办法》等，不断提高工会工作的科学化、规范化水平。

（四）严格规范工会经费管理

按照工会财务经费独立的原则，中心工会财务严格审核各类用款，经费的使用严格按照财务规章制度执行。依照《工会法》对工会经费的有关要求，及时足额收取和上缴工会经费。按照年初工作计划，做好年底预决算工作。工会经审委根据《基层工会经费审查委员会工作条例》的规定，定期对工会经费的预算、决算和使用进行审查监督。

二、规范民主管理，建设一个民主透明的工会

中心建立了以职工代表大会为基本形式的民主管理形式，突出对职工知情权、参与权、选择权、监督权“四权”的维护与落实。

（一）健全职工代表大会制度，从制度上保障职工参政议政权利

浙江省血液中心工会于1998年正式成立，在10余年的发展历程中，职工代表大会（简称“职代会”）制度从无到有，从简单立制到不断规范，从重在借鉴到与时俱进、不断结合实际作出新的调整，职代会的地位在不断提升，作用也与日俱增，职代会制度真正成为维护职工合法权益、促进劳动关系和谐的有效载体。

1.以落实职权为中心，健全了职工从源头上参与的民主管理机制。

结合血液中心的单位性质和行业特点，规范并落实了职工审议建议权，审议同意或否决权，审议决定权，评议、监督权，民主推荐、选举权五项职权。在每年年初集中精力做好职代会的组织筹备工作，按期召开职代会，坚持做到凡是涉及改革发展的重大决策及涉及职工切身利益的重大问题全部通过职代会审议，充分听取职工代表意见。例如，中心内部机构设置及职能调整方案、竞聘办法、绩效工资实施方案、岗位设置与聘用实施方案及重要规章制度等重大事项均提交职代会审议通过。此外，还在职代会上对中层干部进行民主评议，进一步加深职工参与中心民主管理的程度。

2.以规范运作为重点，严格了职代会会前、会中和会后的规范化管理。

将职代会筹备工作做细做实，每次召开职代会前，成立专门的职代会筹备组，除落实时间、地点、议程、会务等常规工作外，还注重对职工代表的业务

培训，邀请工会工作专家、领导授课，提升职工代表的参政议政能力和水平。大会主席团下设提案工作组，主要负责本届职代会提案的征集，广泛征求职工代表的意见；依据有关法规和政策对提案进行审查、立案、分类整理，分送中心领导及有关部门处理和实施，将涉及中心重大问题的提案提交职代会讨论。职代会闭会后，工会负责监督各项决议的贯彻实施，对大会立案的职工代表提案逐件进行落实，并将提案的落实情况纳入中心年度综合目标考核。

3.以增强代表性为基础，发挥了全体职工的积极性和创造性。

中心《职工代表大会工作制度》规定，“凡是按照法律规定享有政治权利的本中心受聘在岗职工（包括编制内、编制外、劳务派遣），均可当选为职工代表”，将编制外、劳务派遣职工纳入职工代表的产生范围，从制度上保障了这部分职工参与民主管理的权利。在实际操作中，中心工会根据现有职工代表的结构特点及分布情况，设定各科代表名额和比例结构，增加了编制外、劳务派遣人员代表，由职工直接无记名选举产生职工代表，有利于增强职工代表的广泛性和代表性，发挥全体职工的积极性和创造性，提升职工的凝聚力和战斗力。

（二）完善事务公开制度，确保职工监督权落到实处

事务公开既是民主管理的重要形式，也是落实职工知情权和监督权的有效途径。近年来，中心不断加强对事务公开的领导力，结合采供血机构的实际情况，进一步完善事务公开管理制度。

1.分别成立了以中心主任为组长的事务公开工作领导小组和由纪检、各党支部、工会负责人和职工代表组成的事务公开监督小组。领导小组制定相关制度、措施、计划，协调、检查、监督各责任科室的工作；监督小组听取收集职工意见建议，对事务公开内容的真实性、时效性，以及事务公开工作质量等方面进行监督。

2.制定了《事务公开管理制度》，明确事务公开的范围、办法形式、组织实施等内容，细化事务公开责任分工，详细列明近30项向社会公开和向中心内部职工公开的项目，进一步规范了事务公开程序。执行“三重一大”制度，提升决策的民主性、科学性。凡是涉及职工切身利益的政策、重要规章制度，涉及职工养老、失业、医疗、工伤、生育的社会保险缴纳情况，都要及时公开。

三、规范帮扶体系，建设一个温暖如家的工会

中心工会一直把职工的困难需求作为第一信号，根据“争创模范职工之

家、争做职工信赖娘家人”活动的有关要求，积极主动了解职工家庭状况，关心职工疾苦，把为职工办实事、做好事、解难事作为重要任务，积极探索服务职工的新举措，使工会成为最可信任、最可依赖的职工之家。

中心建立困难职工档案，及时对家庭困难或发生变故的职工进行慰问，帮助困难职工解决家庭生活、就医和子女就学等问题，拾遗补缺，救急解难；坚持年初一慰问在岗职工，夏季高温慰问一线职工，并组织开展无偿献血志愿服务活动；全年开展对职工生日、生病住院、育儿、亲人病故等慰问活动；为全体会员办理浙江省省级产业工会职工大病医疗互助保障；积极主动为职工办理公园、寺庙年卡；积极协调落实职工提案中有关职工福利的事项，如解决派遣人员子女医疗统筹、职工子女保育费报销问题，为40岁以上的女职工增加TCT检测（宫颈脱落细胞液基藻化检测），提高职工工作餐品质等，使每一名职工及其家庭成员都能充分感受到工会大家庭的温暖。

四、规范各类活动，建设一个活力十足的工会

中心工会组织职工开展形式多样的技能比武活动、健康有益的文体活动，激发职工的积极性和创造性，增强了工会活力，提升了团队凝聚力。

（一）积极组织开展技能比武、知识竞赛等活动

2011年，励晓涛同志的检测技术被浙江省直机关工会命名为“晓涛统筹检测法”，并被授予“浙江省直机关先进职业操作法”荣誉称号。2013年，中心组织开展了“护卫生命　天使展翅”第三届青年医学技能竞赛，涵盖了采供血的主要业务工作，是一次全面展现采供血工作的医学技能竞赛。中心共有75名选手参加了竞赛，9名同志在比赛中脱颖而出，被授予“2012—2013年度浙江省血液中心青年岗位能手”称号，俞佳飞同志还代表中心参加第六届浙江省卫生系统青年医学技能竞赛，荣获“2012—2013年度浙江省卫生系统省级青年岗位能手”称号。

（二）以“全民健身日”为主线，开展中心群众体育活动

坚持每年举行一次大型的职工趣味运动会，并由工会小组轮流主持开展每个月的健身活动，内容包括登山、溜冰、游泳、球类等各种运动。2012年，重点做好中心第九套广播体操的宣传、培训和推广工作，最终中心参赛队获得浙江省卫生厅系统第九套广播体操比赛一等奖，并代表省卫生厅参加全省卫生系统第九套广播体操比赛，再获一等奖。2014年、2015年，分别组织、选拔选手

参加浙江省采供血系统和江浙沪血液中心乒羽联谊赛，取得佳绩。

（三）文化活动精彩纷呈，屡获佳绩

2010年，中心情景演讲《生命的绽放》获浙江省卫生厅系统读书演讲比赛一等奖；2011年，中心合唱队获全省卫生系统“护卫生命　向党报告”文艺汇演一等奖，并代表省卫生厅参加省委宣传部、省直机关党工委等组织的“永远跟党走”浙江省红色经典歌曲合唱大赛，获省直机关选拔赛第一名，并在决赛中获得一等奖；2013年，组织开展中心贯彻十八大精神主题演讲比赛，并选拔选手参加浙江省采供血系统演讲比赛，获得一等奖；2015年，组织开展“迎‘三八’猜灯谜”活动和女职工读书征文、书画摄影评选活动，丰富了职工的业余生活，也增强了职工之间的凝聚力。

（四）鼓励职工发展业余爱好

根据浙江省直机关工委文体委员会的安排，中心工会积极组织职工参加网球、羽毛球、太极拳、篮球、健美操、游泳等各类健身活动，并在中心组建太极拳、篮球、乒乓球、游泳、健美操、排舞等各类活动小组，推动中心群众体育活动的发展，并积极推荐中心职工参加浙江省卫生系统的各类比赛，取得了佳绩。

加强基层工会规范化建设，是工会更好地履行职责的重要保证，是提高基层工会工作成效的重要途径，也是提升基层工会影响力的重要举措。新形势下，中心工会将继续深化工会的规范化建设，以职工之家建设为有效载体，探索建立力度更大、范围更广、层次更多的工会工作机制和职工服务体系。

凝聚职工　搭建桥梁
共同推进“四型工会”建设

浙江省医学学术交流管理中心工会

浙江省医学学术交流管理中心工会在上级工会的领导下，在管理中心党政领导的大力支持下，在各个工会小组和会员的配合下，充分发挥工会的桥梁纽带作用，团结和带领全体职工会员，扎实开展各项工作，开展了丰富多彩的活动，切实增强了中心职工创造力、凝聚力和战斗力。

一、健全工会组织体系，推进工会规范化建设进程

1.实行例会制度。坚持工会委员会、工会小组长每个月召开一次会议的例会制度，为各项活动安排、会议精神传达、工作任务布置、相关文件学习等工作的顺利执行提供保障。

2.严格规范工会经费使用制度。中心工会成立了经费审查委员会来监督工会经费的使用，设有专门的工会财务人员来收取和上缴工会经费，并在年初对上一年度的上缴款进行核查，保证足额上缴，做好财务预算、决算工作。

3.加强工会自身队伍建设。中心工会重视对工会小组长的教育培训，多次组织小组长参加厅工会举办的有关工会民主管理和小家建设等内容的培训班，提高其工会工作水平和民主管理能力，并组织其学习参观建家工作成果。

4.加强自身学习。中心工会定期组织工会委员和小组长学习《工会法》及全国总工会下发的文件及精神，了解中国工会是中国共产党领导的职工自愿结合的工人阶级群众组织，是党联系职工群众的桥梁和纽带，是国家政权的重要社会支柱，是会员和职工利益的代表。

5.完善各项制度。中心工会建立了工会会议制度、会员管理制度、经费使用制度、劳动保护制度、女职工保护制度、职工慰问制度、全民健身职工锻炼制度等，进一步检查、监督和完善各个工会小组的台账工作，对工会小组活动

及台账工作进行评比，保障中心工会顺利开展各项工作。

二、争创优秀职工之家，完成工会小组小家展板工作

中心工会以工会小组为单位，通过建家活动及时了解和反馈个别困难职工的信息，并提供建家活动的场所和经费。职工小家是中心全体工会会员的家，进一步加大对开展创建职工之家活动的宣传力度，让职工认识到建家的迫切要求，知道建家的具体内容，把全体职工的热情调动起来，收集全体会员的资料，积极落实小家展板创建的各项工作。

克服建家活动中遇到的困难，把建家工作作为一项经常性的系统工程来抓，对职工之家实行动态管理，让广大职工广泛参与到建家工作中来。以“建家”为基本载体，以“评家”为主要抓手，发动职工群众建家、评家、管家，着力提高组织职工、宣传职工、教育职工、服务职工的能力，把工会建设成为组织健全、维权到位、工作活跃、作用明显、职工信赖的职工之家。

三、深入开展创建“四型工会”活动

按照贴近中心促发展、贴近职工办实事，强化自身建设、强化学习提高的要求，继续开展创建有为工会、和谐工会、活力工会、创新工会的“四型工会”活动，努力提高工会组织科学化水平，增强服务大局、服务职工、服务基层的能力，着力强化制度建设，转变工会机关工作作风，提升履职能力和服务职工水平，提高工作效率效能。

结合中心文化建设，对内以“人道酬诚、事道酬勤、成道酬恒、兴道酬和”为努力方向，对外以“专业、规范、务实、创新”为奋斗目标，内强素质，外塑形象，大力发展职工文化建设，增强职工文化素质。按照创先争优活动的要求，进一步完善各项学习制度，要求工会干部和全体会员提高对创先争优活动的认识，加强对工会干部和小组长的理论知识培训，提高工会干部的理论水平和工作能力，组织工会委员和工会小组长认真学习《工会法》《中国工会章程》《劳动合同法》和相关文件精神。坚持把学习理论同中心改革实践结合起来，广泛开展学习教育活动，开展“读书修身”活动，如举办“读一本好书、写一篇体会”活动，培养职工的学习能力，并建好职工书屋，完善和补充书籍，提高职工文化修养。此外，大力支持职工文化建设活动和项目，组织职工开展健身活动，购买体育活动器材。

中心各工会小组结合本科室、本小组实际工作岗位的特点，鼓励职工在本职工作岗位上努力探索，创新工作模式，提高工作效率，完善工作程序，提升服务质量。增强职工学习意识和集体荣誉感，提高本职工作岗位所需的各项素质，学习典型事迹，发挥榜样作用。

四、认真维护职工合法权益，继续推行民主管理和事务公开

目前中心还未成立职工代表大会，但中心工会每年都以召开职工代表座谈会为手段推进民主管理。在召开座谈会前，各工会小组认真推荐职工代表，把各小组的意见建议带到座谈会上，就民主管理、维护职工合法权益等问题进行有效的沟通，提出合理化建议，并积极动员和组织全体职工参与中心的发展和改革，努力完成中心的各项任务。

工会委员会专门组织工会委员学习有关维护职工权益保障的制度，较好地履行了“建设、维护、参与、教育”的职能，保障了职工的民主权利，让中心所有职工都能行使知情权、表达权和建议权，可以通过工会向党政领导反映情况。同时，在中心推行事务公开制度，设立事务公告栏，形成民主参与、民主管理、民主监督的氛围，不断推进中心各项事业健康发展，实现广大职工自我管理、自我服务、自我教育、自我监督，同时也促进了中心领导班子建设和勤政廉政建设，使职工的合法权益得到了保障和落实。

五、开展丰富多彩的职工文体活动

中心工会组织开展了各类职工文体活动，组建了体育、文娱、书画类兴趣小组，丰富了职工的业余文化生活。中心工会还与浙江省科学技术协会有关部门协商，在科协大楼一楼开辟出一块健身活动场地，配有健身器材、乒乓球桌等活动设施，供会员在业余时间进行锻炼。

中心工会成立了3个健身活动小组，分别为器械组、球类组、游泳组，各小组活动精彩纷呈，工会会员均可参加。比如，每年6月至9月的周四中午和晚上，在杭州市游泳馆开展游泳兴趣小组活动。各工会小组还会根据自身科室工作的特点，安排一年一次有计划、有预算，内容形式丰富多彩的小组活动（郊游踏青、拓展训练、读书品茶、健身骑行等），得到了广大会员的一致好评。

健全组织创新方法　推进工会规范化发展

浙江省爱国卫生发展中心工会

浙江省爱国卫生发展中心工会本届委员会成立于2012年4月，共有会员15人，属于既小又新的工会组织。近年来，中心工会坚持从自身实际出发，深入贯彻中共中央《关于加强和改进党的群团工作的意见》和全国总工会《关于新形势下加强基层工会建设的意见》，以建设“六有”工会为目标，不断加强组织建设，完善制度机制，创新工作方法，丰富活动载体，推动工会组织建设和规范化发展，为加快中心建设与发展奠定了良好基础。

一、健全组织，规范工作，不断加强自身建设

建立健全工会组织，是做好工会工作的重要保障。2014年，工会增补了主席和委员，结合自身实际设置了两个工会小组，并配齐配强了工作人员，为更好地开展工会工作打下了基础。多年来，中心工会始终严格按照上级工会有关要求，加强学习与培训，不断提高理论水平和自身素质，不断推进工会工作深入开展。为进一步规范工会工作程序和更好地为会员服务，中心工会专门制定了《浙江省爱国卫生发展中心工会工作规定》，建立了工会委员会扩大会议制度，明确了工会工作流程和具体工作要求，使工会工作逐步规范化、系统化。

二、完善制度，加强学习，不断提高职工道德素养

建设学习型工会是工会工作的重要组成部分。中心工会每年安排专项经费保障职工学习，连续多年组织开展“读好书，写心得”活动，每年为会员购买相关书籍阅读，要求每人年底撰写一篇读书心得，相互交流体会，并推荐和共享自己所看的一本好书，放大读书效果。大家先后阅读的书籍包括思想政治、人生哲理、心理疏导、社会评述、励志感悟等内容。

此外，中心工会充分发挥“爱卫、公卫讲坛”的作用，邀请专家学者为全体会员开办讲座，取得了较好的效果。同时，建立健全长效学习机制，制定了

专门的学习制度，明确了学习频次、内容、时间和要求，保证了学习效果，有效提高了职工的文化素养，激发了职工大胆设想、勇于创新、奋发向上、崇德向善的内动力。

三、创新方法，丰富活动，不断增强职工凝聚力

开展工会活动是工会工作的重要组成部分，也是丰富职工生活的重要载体。针对工会活动参与率低的情况，中心工会每年年初都会向全体会员征求意见，把职工最喜欢的工会活动确定为当年工会活动的内容，有效提高了活动的参与率。同时，不断创新工作方法，丰富工会活动。比如，在抗日战争胜利70周年之际，组织职工参观侵浙日军投降仪式旧址，让职工接受爱国主义教育和国防教育；组织学先进活动，到武康疗养院学习上柏住院部医疗团队的“时代楷模”精神，慰问麻风病患者；组织杭州儿童福利院慰问活动；组织观看以先进典型为原型的电影，激发正能量；组织先进职工疗休养活动；开展“三八”妇女节、重阳节等节日活动；组织参观艺术展览等。

此外，力所能及地组织开展文体活动，包括组织新春联欢活动、趣味运动会、登山运动、学习广播操和八段锦等；积极参加委系统组织的各项工会活动，如钓鱼比赛、划船比赛等；积极开展工会课题调研，2015年开展的《基层工会组织建设难点问题与解决办法的调研》课题报告获浙江省卫生计生委二等奖。通过开展活动，丰富了职工生活，有效提升了职工凝聚力和工作活力。

四、了解诉求，妥善解决，切实维护会员权益

及时了解和解决职工诉求也是工会工作的重要内容。中心工会以“面对面、心贴心、实打实服务职工在基层”活动为载体，积极为职工办实事、做好事、解难事，面对面地与职工沟通交流，仔细了解职工诉求，积极落实解决措施：建立了“十必访”制度，逢职工生病、职工直系亲属住院等，都要及时慰问探访；针对劳务派遣会员待遇问题，定期与劳务派遣单位沟通了解相关政策，及时调整劳务派遣人员工资待遇，维护其合法权益；主动与保险公司联系，帮助职工解决车辆保险优惠问题；工会委员平时经常听取职工对工会工作的意见建议，并定期召开工会委员会议，研究解决职工提出的意见和问题，对确实解决不了的问题，及时与职工沟通，以得到职工的理解，达成共识。中心工会思职工所想，为职工所需，通过努力形成了相互信任、相互理解的良好工

作格局，使职工真正有了“家”的感觉。

五、注重公开，及时通报，促进民主监督管理

中心工会始终主动接受职工的民主评议和监督，凡涉及招聘、基建、职称晋升、大型设备招标采购等重要事项，均向全体职工进行公示，广泛听取职工建议，保障职工的民主监督权利。每年年初制订年度工会工作计划，经全体会员讨论确定后执行；年终分析全年工作情况，进行工会工作总结，并与工会财务状况一并向会员报告，实行政务公开、民主管理。此外，中心工会主动开展党风廉政建设和行风职业道德建设，强化廉政风险防范教育，在加强行风职业道德学习的基础上，组织职工赴监狱开展警示教育，取得了良好效果。

新时期、新常态对工会工作提出了更多、更高的要求。在“十三五”开局之际，中心工会将继续严格按照国家和省总工会及委系统工会的要求，不断加强队伍建设，补足工作短板，提升工作水平，推进工会工作系统化、制度化、群众化、民主化，努力建成会员满意的职工之家。同时，把工会工作与中心其他工作有机结合，发挥好工会的桥梁纽带作用，促进工会和中心共赢发展。

做坚实的“娘家人”　建“六有”工会

浙江省药械采购中心工会

浙江省药械采购中心成立于2011年3月，是浙江省卫生计生委所属的公益一类事业单位，机构规格相当于县处级。中心工会于2012年3月成立，现有工会会员44人（事业编制15人，劳务派遣26人，临时工3人）。

近年来，中心工会紧紧围绕中心工作，切实维护职工的合法权益，积极开展各类文体活动，深入开展职工之家建设，先后获得上级工会评选的“模范职工小家”“先进工会小组”“构建和谐劳动关系先进单位”“职工文体活动优秀组织奖”等荣誉称号。

一、围绕中心，加强学习，争做职工“娘家人”

（一）加大职工学习和培训的力度

“打铁还需自身硬”，中心的可持续发展离不开一支强有力的人才队伍。为引导职工树立正确的世界观、人生观、价值观，营造全体职工爱岗敬业、勤勤恳恳的工作氛围，围绕中心主要工作，在新一轮的药品集中采购圆满完成、医用耗材分类分批集中采购有序进行、药械采购平台再造项目拉开帷幕之际，中心工会通过开展业务培训、学习交流、评优评先等活动，加大职工学习和培训的力度，激励职工努力学习，不断完善自我，争做优秀职工。

（二）积极维护职工合法权益，保障职工切身利益

贯彻落实《劳动法》《工会法》等法律法规，认真履行劳动合同，维护职工的劳动报酬等合法权益。针对劳务派遣职工而言，在干部选拔、先进评比方面，实现与编内人员享有同等待遇；在工资报酬方面，努力落实同工同酬。此外，积极保障职工休息休假、社会保险等切身利益，组织职工参加健康体检。通过依法履行维权职责，努力把工会建设成维权到位、引导教育、职工信赖的坚实的“娘家人”，进一步推动“六有”工会建设。

二、坚持民主，创新形式，人人都是主人翁

（一）加强民主建设，开展“金点子”活动

中心推行职工民主管理制度，进一步调动和保护职工的积极性和创造性，从而建立和谐稳定的劳动关系：定期召开全体职工大会，确保会议充分尊重职工意愿，提高决策的科学性；注重集思广益，每年开展“金点子”活动，在中心业务工作、发展规划、组织建设、学习培训、团队建设、文体活动、办公环境、后勤保障等方面，广泛征求职工意见，加强职工之间的相互了解、职工和领导之间的沟通，提高职工的主人翁意识，激发职工当家做主的热情；制作中心事务公示栏，让职工充分行使知情权、表达权、建议权，充分贯彻落实“公开、公平、公正”的原则，不断推进中心各项事业健康发展。

（二）建立健全激励机制

中心工作量大、工作人员有限，工会干部以兼职为主，难以平衡行政工作和工会工作。为进一步激发职工潜力，提高职工的工作积极性，中心工会进一步建立健全激励机制，对在工会工作中有显著成绩的工会干部、积极参与活动的职工进行奖励，适当发放奖品或授予荣誉称号。

三、抓住机遇，突出特色，全员参与热情高

（一）开展各类文体活动

中心工会会员中有65%的人是30岁以下的年轻人，在整个团队年轻、充满活力的氛围下，中心工会组织开展了丰富多彩的文体活动：每周二组织羽毛球兴趣小组活动；4月组织北高峰登山活动；6月组织会员参加工会沙龙活动之赏析经典电影；在端午节来临之际开展“庆端午包粽子”活动；7月开展中心乒乓球比赛；9月组织团队建设户外拓展活动。此外，为进一步贯彻落实习近平总书记重要讲话精神，践行“三严三实”要求，增强团队凝聚力，中心工会还举办了征文比赛和演讲比赛。

（二）参加上级工会组织的活动

组织会员参加委系统“巾帼奉献‘中国梦’”书画摄影展、“书香三八”读书活动、第四届划船比赛、“安全在我心中”知识竞赛活动、浙江省卫生计生系统乒乓球大赛等活动。特别值得一提的是，2015年6月，中心工会参加了浙江省卫生计生系统以“扬正气、树形象、展风采、促和谐”为主题的微电影

大赛。在4个月的时间里，经过剧本创作、演员遴选、开机拍摄、后期制作，全体会员以零成本自编自导自演了微电影《成长》，通过生活化、形象化的艺术手段，展现了中心的形象和理念。此次活动不仅激发了职工的巨大潜力，体现了中心强大的团队凝聚力，也为传播卫生计生正能量和建设“健康浙江”助力。

四、以人为本，关心职工，领导谈心零距离

关心职工生活，服务好职工，是工会工作的责任。中心工会坚持开展“送温暖”“送清凉”活动，让“家”的温馨洋溢，真切关怀每一位职工，认真倾听职工的心声，关心爱护弱势群体。每月开展一次集体生日活动，并在中心QQ群为过生日的职工送上祝福；对生病住院、怀孕的职工，工会领导和职工代表前往探望，并送去慰问金；对家庭经济状况困难的职工，做好建档和帮扶工作，并带去领导和工会组织的关爱之情，让职工能时刻感受到工会送去的温暖。

职工的身心健康一直是中心工会工作关注的重点。为了职工的情绪健康，中心工会开展了“我与主任说说心里话”活动，安排领导与职工进行一对一、面对面的谈心交心。对新入职、发生工作差错、出现情绪波动、有违纪违规行为、进行岗位变动的职工，由中心主任或工会干部及时与其谈话，分析问题，了解心声，疏导解决。

认真履行工会职责　促进中心和谐发展

浙江省卫生计生培训中心工会

2015年，浙江省卫生计生培训中心工会紧紧围绕中心整合发展工作大局，开拓进取，求真务实，全面推进工会规范化建设，积极探索工会发展新思路，以维护职工合法权益为切入点，大力推进基层工会建设，打造职工之家，积极推动中心文化建设，认真履行工会各项职责，促进中心和谐有序发展。

一、加快新形势下工会建设，夯实单位和谐基础

2015年4月，原浙江省卫生系统后勤服务中心与原浙江省计划生育干部培训中心合并，组建了浙江省卫生计生系统培训中心，新增2个工会小组，共计8个工会小组，会员总数达109名。目前，中心在职职工与中心签订劳动合同率达到100%，职工入工会率达到100%。

二、切实保障职工利益，积极做好建家工作

根据全国总工会《关于进一步加强基层工会工作的决定》和《关于在新形势下深入开展建设职工之家活动的意见》的要求，中心工会紧紧围绕“优质服务、创新发展”的宗旨，深入开展职工之家建设活动，不断提升基层工会工作的整体水平。

（一）积极打造学习之家

2015年，中心领导、工会干部参加了上级工会组织的7次工会工作培训、委直单位工会台账评比会、劳模座谈会、卫生计生系统先进模范事迹报告会，中心工会自发组织学习了全国总工会《关于新形势下加强基层工会建设的意见》《关于在全国基层工会广泛开展“争创模范职工之家、争做职工信赖娘家人”活动的通知》、浙江省总工会《关于新形势下全省基层工会深入开展职工之家建设的实施意见》等文件精神。通过学习领会上级工会的重要工作指示，学习掌握基层工会工作要点，学习交流先进模范的事迹经验，进一步强化了工

会的服务意识，提高了工会干部的工作能力。

此外，各职工小家开展了保育员岗位练兵活动、委机关物业消防安全演练等活动。这些活动引导职工学习先进典型和业务知识，激发了职工的学习热情，提升了职工的综合素质。

（二）积极打造民主之家

中心进一步完善了民主决策和权力运行机制，全面落实了以职工大会为基本形式的民主管理制度。2015年，中心工会召开了两次职工大会，向职工群众如实反映中心发展情况、重点工作和关系职工切实利益的举措，并倾听职工的诉求和意见。此外，中心还通过党群工作会议、每周例会、事务公开栏、门户网站等方式全面实施事务公开，严格保障职工的知情权，广泛接受职工群众的评议监督。

（三）积极打造温暖之家

中心工会作为职工的“娘家人”，时刻把职工的安危、冷暖放在心上，把保障和改善职工福利放在突出位置，通过召开座谈会、找职工谈话等形式，进一步加强调查研究工作，了解基层工作动态，倾听职工呼声，从而更好地为职工办实事、做好事、解难事。

1.关心困难职工。中心工会为困难职工建档，给予他们适当的经济补助。中心领导逢年过节都会亲自带队探望，带去节日的慰问。

2.关心在职职工。中心工会按时发放职工劳保用品；在春节、端午节等节日，组织职工包饺子、粽子，一起尝美食贺佳节；第一时间组织探望因病住院的职工；落实省总《关于加强浙江省职工疗休养管理工作的意见》《中心职工疗休养管理暂行办法》，并于2015年7月下旬在舟山开展了为期5天的职工疗休养活动，依法保障职工疗休假的权利。

3.关心退休职工。为退休职工提供订阅报纸，办理家电统保、公园卡充值等服务，并及时开展退休职工活动及节假日慰问。

4.关心女职工、特殊岗位职工。在“三八”妇女节期间开展女职工慰问活动，并在女职工新婚或生育时送上祝福和慰问。此外，在夏季酷暑期间，发放职工高温费，并开展特殊岗位职工慰问活动，发放防暑降温药品。

（四）积极打造和谐之家

中心工会十分重视培训工作和团队活动，多次组织安排技能培训和业务学习，并进一步加强同各兄弟单位的工作交流和业务指导。此外，为进一步丰富职工业余生活，中心工会每年举办登山、乒乓球、羽毛球等活动，还组织成立了职工兴趣小组，开设了棋类、球类、摄影等兴趣班，在满足职工精神文化需求的同时，增强了中心的团队凝聚力。

三、以工会活动为载体，加强职工文化建设

职工文化建设作为单位文化的重要组成部分，对开展丰富多彩的职工文体活动、提高职工队伍的素质有着极为重要的现实意义。中心各工会小组通过开展各种活动，进一步加强了单位文化建设。

（一）充实职工文化建设内涵

2015年，中心工会开展了单位文化建设作品征集活动，经作品征集、投票评选等环节，最终确定了单位核心价值观、单位宗旨、宣传口号、服务理念、单位LOGO，进一步充实了单位文化建设内涵。

（二）满足职工文化生活需求

中心以工会活动为载体，不断拓展文化建设平台，在丰富职工业余生活的同时，有效促进了中心职工之间的良好人际关系，营造了中心和谐活泼的氛围。2015年，中心工会举办了健康知识讲座、登山比赛、乒乓球比赛、羽毛球比赛、西湖健身走、趣味运动会等集体活动，参加了上级工会组织的活动，并荣获委系统工会组织的钓鱼比赛团体三等奖和委系统第四届职工划船比赛第三名。

（三）灵活开展工会小组活动

中心工会充分依托工会小组、工会兴趣小组等组织，灵活、个性地开展小组活动。2015年5月，职鉴培训工会小组组织了“说走就走，想唱就唱”活动；11月，委幼儿园工会第二小组开展了“走近茶文化”活动……各式各样的活动丰富了职工的文化生活，极大地调动了职工的积极性、参与性，增强了职工对单位文化的认同感。

（四）积极参与公益活动

2015年3月，为确保食堂环境的整洁卫生，中心幼儿园工会小组开展了“大家齐动手　保食堂整洁”活动，会员们积极参与了食堂卫生大扫除活动。此外，中心工会还积极开展困难帮扶，建立健全工会帮扶长效机制，及时对困难职工进行帮扶，切实减轻经济困难家庭的生活负担。这些活动不仅增强了职工的奉献精神，而且成为中心传播正能量的重要平台。

加强自身建设　携手兄弟工会 提升职工幸福感

浙江省卫生计生信息中心工会

浙江省卫生计生信息中心工会本届委员会成立于2015年4月30日，由浙江省卫生信息中心、浙江省人口计生信息中心、浙江省卫生信息学会和浙江省心理健康促进会联合组建，现有会员38人，平均年龄36岁，是一支充满活力、积极向上的年轻队伍。

中心工会自成立以来严格按照《工会法》《中国工会章程》和《劳动法》等有关法规开展工作，认真组织学习全国总工会和浙江省总工会的相关文件，在浙江省卫生计生委工会的领导和支持下，结合自身特点，充分调动全体职工的积极性，较好地完成了各项工作，取得了一定的成绩。

一、努力加强自身建设，健全完善工会制度

（一）健全组织

根据《中国工会章程》的规定，为确保工会组织机构的健全，中心工会现设主席1人，副主席1人，工会委员会成员7人，经费审查委员会成员3人，拥有工会会员38人，入会率达100%。当前，中心工会正筹划建立女职工委员会，保障女职工权益。

（二）完善制度

补充修订财务管理制度、物品管理制度、活动管理制度、奖惩措施等一整套工会工作制度，做到有法可依、有章可循，使工会工作步入正常化、制度化和规范化轨道，切实维护职工合法权益，努力为职工建设民主、奋进、安康、和谐之家。

（三）保障经费

中心工会有独立账号，各组建单位按时按规定计拨工会经费，并按时足额向上级工会缴纳工会经费。工会财务支出坚持工会主席审批、经审委员监督的

制度，做到了量入为出、账务清楚、手续完备，并合理合法地为工会各项活动开支争取经费。

（四）建设职工之家

本着节俭原则，中心工会尽量利用现有的资源，在信息中心陈列室（正在建设）中建立职工之家，配备相关硬件设施，把职工之家建设成创新学习中心、娱乐活动中心、生活互助中心、健康公益中心。

二、积极开展各类活动，丰富职工文化生活

（一）文体活动

文体活动是职工强身健体、愉悦身心的必要手段。中心工会成立后，工会主席卢海组织全体职工学习第九套广播体操，并建立工间操制度，坚持每个工作日上午10: 00—10: 30开展工间操活动，要求每个职工在确保不耽误工作的前提下积极参与，下一步还打算列入年度考核。同时，中心工会鼓励职工参加摄影、书法等培训，丰富职工的文化生活，陶冶职工的情操，培育职工的文化涵养。此外，中心工会积极参与委工会组织的各项活动，先后参加了爬山比赛、足球比赛、划船比赛、乒乓球比赛等，并取得了不错的成绩。

（二）疗休养活动

根据《关于加强浙江省职工疗休养管理工作的意见》（浙总工发〔2015〕13号）文件要求，中心工会根据自身实际情况，出台了补充文件，规定每年组织职工疗休养，让职工既能工作好，也能休息好，以更好的状态来投入工作。2015年，中心工会组织全体职工分两批次到温州洞头、楠溪江进行了疗休养。

（三）节日活动

中心工会每个月组织一次职工生日会，用一个蛋糕传递一份心意，为当月过生日的职工过集体生日；“三八”妇女节、“五四”青年节等节日，组织相关人员参加活动；“七一”建党节、“八一”建军节，则积极参加委机关组织的文艺汇演活动。此外，中心工会根据全国总工会财务部《关于加强基层工会经费管理的补充通知》（工财发〔2014〕69号）的有关规定，及时发放节日慰问品。虽然东西不多，价值也不高，但是拉近了工会与职工的距离，让职工充分感受到了工会之家的温暖。

（四）公益活动

中心工会的组成单位之一——浙江省心理健康促进会，结合自身优势，开

展了心理健康宣传、教育和咨询的公益类活动，中心工会将以此为契机，组织工会所有人员积极参与其中，做好宣传引导工作，为社会公益活动出一份力。

三、借鉴兄弟单位经验，保障工会健康发展

（一）大手牵小手

中心工会作为新成立的、规模不大的工会，在学习“老工会”“大工会”的同时，在委机关总工会的“牵线”下，与浙江医院工会开展了“大手牵小手”结队活动，他们的大活动我们可以参与，我们的小活动他们可以指导，中心工会将在他们的帮助下不断成长壮大。

（二）共同求发展

对于与中心工会规模相当的兄弟工会，中心工会在相互帮助学习的同时，可以联合举办活动，也可以组团参加委机关活动，还可以偶尔举办联谊活动，为一些年轻单身职工创造条件，共同求发展、求创新。

要做好基层工会工作，坚持党的领导是根本，取得单位领导的重视是前提，健全工会组织是保障，保证经费到位是关键，敢于开拓创新是源泉。中心工会要认真学习兄弟单位的先进经验，按照《中国工会章程》的相关要求严格执行，不断改进和提高工会工作的内涵，努力使工会工作更好地服务于每一名职工。

用真情打造职工之家

浙江省计生宣传教育中心工会

浙江省计生宣传教育中心工会在机构改革的新形势下，充分发挥党联系职工群众的桥梁和纽带作用，按照全国总工会《关于新形势下加强基层工会建设的意见》和开展“争创模范职工之家、争做职工信赖娘家人”的通知，积极开展各项活动，工会建设取得了长足进展。

一、适应机构改革形势，及时成立工会组织

在卫生计生机构改革大背景下，中心曾有一个时期处于没有工会组织、没有工会活动的状态。中心党支部和领导高度重视工会工作的重要意义，多次向上级建议尽快成立中心工会委员会。上级批准后，中心严格按照成立工会的程序，经民主推选，于2015年5月成立了中心工会委员会，全方位地开展工会各项工作。

二、学习把握规章制度，保证工会活动规范

为使新成立的中心工会委员会能够规范运行，各工会委员认真学习了《工会法》《中国工会章程》《机关工会工作条例》等法规，学习全国总工会《关于新形势下加强基层工会建设的意见》和开展“争创模范职工之家、争做职工信赖娘家人”活动的通知，学习开展工会活动的相关业务知识，做到规定清楚、业务熟练。在此基础上，根据中心工作的特点，研究制定了《职工之家建设措施》《职工疗休养管理办法》《工会经费管理办法》等规章制度，使中心工会的活动规范有序。

三、积极建设职工之家，打造职工信赖“娘家”

根据浙江省总工会关于开展职工之家建设的通知，中心因地制宜，专门开辟了职工图书架，设置了职工摄影作品长廊、职工产品陈列室等，并为职工提

供饮水机、微波炉等生活设备，让职工感受到“娘家”的温暖。此外，开展了丰富多彩的职工文体活动，举办了摄影比赛、登山比赛、职工卡拉OK比赛等活动，还与浙江省武警总队联合开展了优生优育知识的宣传活动，极大地增强了职工的主人翁意识，增强了中心的团队凝聚力。

四、真诚关心爱护职工，维护实现职工利益

中心工会努力提高职工的福利，实现在编职工和外聘人员享有同等福利；积极探望生病住院职工；按法律规定为辞职职工全额发放补偿金；根据中心的收支情况，适当提高聘用人员的工资待遇；组织了两次职工疗休养，保证每个职工享受到疗休养福利；按规定开展节日慰问，发放职工正常福利，做到了应发尽发。此外，中心工会积极与委工会委员会保持紧密联系，主动接受委工会的指导，参加了委工会委员会组织的各项学习培训、参观见学活动，并在委工会组织的划船比赛中获得二等奖。

关于小规模机关单位职工之家建设的思考

浙江省计生协会机关工会

工会职工之家建设要根据各类基层工会的特点，设计不同的建家模式，突出针对性，提高服务中心工作的有效性。对于浙江省计生协会这样一个只有十几个编制的参公事业单位，工会会员少，工会经费少，活动场地有限，怎样才能保证建家工作顺利良好地开展？通过一年来的建家实践摸索，浙江省计生协会机关工会对小规模层工会如何开展建家工作提出了一点思考。

一、要把握好一个中心

建设好职工之家，关键在于围绕中心工作大局，把职工之家的作用有效地发挥出来。要通过开展创建职工之家活动来推进中心工作的落实，把职工之家建设与单位文明建设及各类创建活动有机结合起来，进一步增强工会组织的吸引力和凝聚力，同时更好地发挥维护职工具体利益的职能作用，代表和维护好集体与职工的合法权益，为促进单位文化建设，提高单位凝聚力，增强集体荣誉感作贡献。

二、要把握好三个原则

（一）党建引领

认真落实“党建带工建”的要求，争取党组织对基层工会思想建设上带、组织建设上带、工作创新上带，努力形成支部统一领导、工会具体实施、干部职工热情参与的创建工作格局。

（二）以人为本

坚持会员评家，突出职工群众在建家活动中的主体地位，把职工和会员是否满意作为衡量建家成效的主要标准。

（三）阵地共享

针对单位办公用房紧张的实际情况，最大限度地发挥已有的基层党组织、宣传栏、网站、微信等各类现实和虚拟阵地的作用，采取加一栏、搭一股、添一块等方式，努力实现党群阵地的共建共享和综合利用。

三、要把握好四个重点

（一）健全组织，建规范职工之家

按照相关要求，配备符合规定的工会领导班子，依法办理社会团体法人登记；建立独立的工会经费银行账户，并按财务制度规定单独建账核算；建立健全会员（代表）大会、经费收缴管理使用等制度，以及工会工作台账、档案等资料。

（二）民主管理，建和谐职工之家

针对会员政治素质文化程度高、参政议政能力强、人事关系比较稳定，劳动经济层面矛盾不突出，但在民主政治权利、素质提升、自我发展等方面有着强烈预期的特点，机关工会坚持党政所需、职工所盼、自身所能，充分保障职工民主参与、民主管理、民主监督的权利，维护职工权益，做到真诚代表、切实维护，为职工群众做实事、办好事、解难事。

（三）服务职工，建温暖职工之家

建立和完善困难职工档案，开展职工生活后勤保障等多种形式的服务工作。依法维护女职工特殊权益，做好女职工劳动保护工作。组织职工开展摄影书画展、广播体操等丰富多彩的文体活动。加强心理疏导，引导干部职工正确对待压力，正确处理与同事、与上下级的关系，培育乐观、豁达的心态，做到敬业、乐业，增强对“家”的认同感和归属感，营造乐观向上、积极进取、生动活泼、发展创新的氛围，在各项工作中体现干部职工的精气神。

（四）提升素质，建创新职工之家

开展好各项文化兴趣沙龙建设，积极利用网络、手机等传媒工具开展读书竞赛活动，全面提高干部职工理论水平和综合素质能力。健全职工教育培训机制，按规定提取、使用职工教育培训经费。引导工会会员参与群众性精神文明创建活动，开展志愿者服务、爱心助学、社会义工等公益性活动，进一步推动单位精神文明建设。

努力打造温馨的职工小家

浙江省计生药具管理中心工会

浙江省计生药具管理中心工会是2015年成立的小微工会（现有工会会员10人）。在上级工会的帮助领导下，中心工会努力学习兄弟单位建会先进经验，克服了规模小、组建时间短、工作经验欠缺等困难，在力所能及的范围内加强工会自身建设，开展工会工作，为职工营造一个温馨的小家。

一、健全组织，加强学习，尽快进入角色开展工作

中心工会选举产生了第一届药具中心工会委员会，设工会主席1人、工会委员3人，健全了工会组织；加强学习，有针对性地学习了上级工会下发的有关工会工作的法律法规、《中国工会读本》等学习资料；积极参加委工会举办的各类会议、培训班；积极学习兄弟单位先进的工会工作经验和做法，以期尽早进入角色，有序地开展工作。

二、开展形式多样的职工活动，努力为职工谋福利

中心工会按照上级工会的要求，在力所能及的范围内积极开展工作。安排职工春秋游、登山等活动，如组织职工到龙坞爬山，到桐庐狄浦赏花；安排过半职工完成了2015年的疗休养；按惯例给每个职工发放300元的生日蛋糕券；及时到医院探望生病住院职工，提高工会会员的幸福感和归属感。

三、紧紧依靠上级工会，边干边学，边学边干

上级工会能力强、工作经验丰富，是中心工会学习的最好对象。中心工会努力完成上级工会布置的各项任务、积极参加委工会举办的各项活动，特别是完成了2015年委工会对省直机关工会重点调研课题的任务分工，所撰写的论文获得了二等奖；积极参加委工会组织的各类培训班和文体活动，与当时的计生信息中心组队参加了浙江省卫生计生系统西湖划船比赛，获得了不

错的成绩。

四、联合兄弟单位，共同寻求发展

小微工会的经费相对紧张，活动组织存在较大的制约，难以独立组队参加上级工会的大型团体活动。为此，中心工会积极开动脑筋想办法，努力争取上级工会的支持和职工的理解。比如，参加上级工会组织的大型文体活动时，和其他小微工会联合组队，既能丰富活跃职工的文化生活，又能加强和兄弟单位的联络。

做好“五个加强” 促进改革发展

浙江省计生科学技术研究所工会

2015年4月，在上级工会的关心支持和所党支部的领导下，浙江省计生科学技术研究所工会正式成立。自成立以来，所工会学习借鉴了兄弟单位工会工作的先进经验，努力探索和创新具有自身特色的工作方法，突出做好“五个加强”，充分发挥工会工作在促进科研所创新改革事业发展中的积极作用。

一、加强教育学习，统一思想认识

（一）强化职工教育引导

配合所党支部组织职工学习党的十八大和十八届五中全会精神，深入学习贯彻习近平总书记系列重要讲话精神，以政治理论指导工作实践，努力提高政治思想工作能力，提升工会工作水平，为科研所事业作出更大的贡献。

（二）坚持依法建会

认真学习、讨论新时期党对工会工作的重大理论观点、全国总工会《关于新形势下加强基层工会建设的意见》、浙江省总工会《关于推动基层工会广泛开展群众性职工文体活动的意见》和新的《工会规程》《浙江省职工职业技能竞赛管理办法（试行）》，不断提高依法治会、依法维权的自觉性。

二、加强民主管理，畅通联系渠道

（一）建立健全职工代表大会

充分发挥职工代表大会（简称“职代会”）在单位民主管理中的重要作用，落实职代会的各项职权，拓宽职代会的内容，健全职代会的有关组织和制度，探索和推广采用票决制方式通过职代会审议的办法，切实做到重大决策广泛征求职工意见，凡涉及职工切身利益的重大事项必须由职代会讨论审议。

（二）深化所务公开

坚持对重大问题、职工敏感问题、工作难点问题进行公开，以多种渠道和方式加强与职工的交流。在公开内容、形式、时间、范围等方面严格按制度办，充分发挥所务公开领导小组、监督小组等各工作小组的作用，积极实行所务公开工作年度报告制度。

三、加强文化建设，营造和谐氛围

（一）开展职业道德教育活动

每年开展1—2次形式多样的职业道德教育活动，进一步培育社会主义核心价值观和职业精神，不断提升职工职业素养，努力构建和谐医患关系，汇聚起为实现改革发展奋发作为的正能量。

（二）开展职工普法教育活动

组织开展职工普法教育活动，提高职工法律意识和运用法律知识保护自己和解决问题的能力。采用知识竞赛、知识答卷、专题讲座、图片展览等方式，原则上每半年开展一次相关活动。

（三）开展岗位技能培训活动

结合科研所的工作特点，定期开展多形式、多渠道的学术交流、技术培训等活动，提高职工的理论水平和业务技能，充分调动职工的力量，围绕科研所改革创新发展中心工作建功立业。

（四）开展文体活动

通过开展各种职工喜闻乐见的文体活动，寓教于乐，增进健康，活跃身心，激发集体荣誉感和进取精神。

（五）完善职工之家

结合实际开设便于职工读书、健身、娱乐等的活动场所，丰富职工的文化生活，打造和谐工作、快乐生活的环境氛围。

四、加强维权帮扶，做好职工服务

（一）深入一线调研

对改革和工作中出现的新情况、新问题进行调查研究，特别是倾听一线职工心声，了解职工所想所需，协助所领导班子努力创造有利于职工学习、生活、工作的环境，切实维护好职工合法权益。

（二）实施“送温暖”活动

加大“送温暖”活动的力度，关心退休老职工，关心生病、困难职工，积极为职工谋利益、办实事、做好事，把组织的温暖及时送到职工群众的心窝里。

（三）做好职工福利工作

根据职工现实需求，关心职工福利待遇，创新拓展服务职工的内容、形式，增强工会吸引力和凝聚力。

五、加强自身建设，履行工会职责

（一）注重探索与实践

所工会把创建学习型、服务型、创新型“三型”工会组织作为自身建设的重点工作，积极探索工会工作的新方法，以新思路、新观点、新做法实现工会工作的新突破。

（二）加强工会干部队伍建设

充分发挥工会委员的作用，在分工职责范围内完成各项工作，工作中分工不分家，互相支持，协调配合。加强工会干部培训工作，增强其政治意识、大局意识和服务意识，不断提高其履职能力。

（三）做好会员培养和发展

培养和壮大工会积极分子队伍，充分调动其积极性。加强对工会会员和职代会代表的培训，加强对权利与义务的学习，加强对提案工作的指导，切实提高工会会员的参政议政能力和民主管理、民主监督力度。

（四）重视女职工委员会工作

关心、支持女职工委员会工作，充分调动女职工的工作积极性和创造性，通过开展“巾帼文明岗”等活动，使广大女职工在自己的工作岗位上作出更大的贡献。

（五）做好其他保障工作

重视工会宣传和工会台账资料的建立健全工作，完善工会文档资料的管理，把工会各项活动落在实处。按规定使用工会经费，尽量做到“用最少的钱，办满意的事”。

当前，科研所正处在转型改革、攻坚克难的关键阶段，所工会必须发挥好推动改革发展的有力作用，调动所内一切积极因素，激发全体职工创新创业激情，努力为科研所改革事业闯出一片新天地。

为爱凝聚　服务职工
关心职工　促进工作

浙江省国合中心健康促进会工会

2015年6月5日，在委工会的关心和帮助下，浙江省国合中心健康促进会工会成立，并依据《中国工会章程》的有关规定选举出工会主席、副主席和委员。国合中心综合科科长陈媛任主席，健康促进会主任应海英任副主席。同时，会议确立了“为爱凝聚、服务职工、关心职工、促进工作”的工会工作目标。

自健促会工会成立以来，工会全体成员群策群力，为工会建设提出了很多宝贵的意见建议。在这些意见建议的基础上，健促会工会制定了工会建设的三个基本方向：一是创建学习环境，提高业务能力；二是组织文娱活动，丰富精神学习；三是改善办公条件，满足职工工作生活需求。

建设学习型工会一直是工会建设的重点。健促会工会高度重视创建良好的学习环境和科学的学习制度，制订了每周学习计划，利用中午休息时间，邀请日本交流生定期开办日语课程，并创建了英语学习交流课堂，提高了职工的语言学习能力和业务技术水平。此外，在办公室设立了“好书学习”专栏，书籍类别囊括英语、卫生、文学、旅游等多方面，职工可以将平时看到的、学习到的好书、好资料推荐至专栏，和大家分享学习心得，既丰富了工会会员的业余生活，也提高了职工的业务水平和能力。

除了学习培训外，健促会工会还开展了丰富多彩的文娱活动，丰富职工精神生活的同时，让职工放松身心，强身健体。2015年7月，健促会工会的第一次户外拓展训练在美丽的长江三角洲后花园——千岛湖畔进行。信任背摔、高空独木桥、真人CS等训练项目，帮助职工在娱乐中增强了换位思考、相互支持的团队合作意识，改善了团队成员的沟通方式，增进了互信、互助意识。

2015年6月，健促会工会4名成员组成“梦想队”，参加了委工会组织的第四届浙江省卫生计生系统职工划船比赛。作为从未接触过划船的队伍，“梦想队”不惧困难，奋勇拼搏，第一次参赛就取得了较好的成绩，树立了团队合力制胜的信念，增强了职工的集体荣誉感。

2015年11月1日，杭州马拉松在西子湖畔举行，健促会工会张菁、王芷萱两位同志顺利通过了报名和抽签，加入到3万人的比赛队伍中。在10℃左右的阴雨天气中，两名女将毫不退缩，冒雨前行，均在规定时间内完成了人生的第一次马拉松。比赛结束后，工会领导肯定了两位同事的拼搏精神，并表示全体工会干部会员将参加2016年马拉松，践行“勇于拼搏”的精气神。

健促会工会深知工作环境对职工工作热情的重要作用，把改善工作条件作为一项重要工作不断深化。通过增加硬件投入，如更换新的办公桌椅、购买空气净化器、发放办公文具等，改善办公条件，提高职工的工作积极性。同时，加强调查研究工作，积极了解职工的思想情况及存在的困难和问题，认真研究解决方案。

2016年，健促会工会仍将围绕“为爱凝聚、服务职工、关心职工、促进工作”的工作目标开展工作。目前，已计划举办趣味爬山寻宝、“奔跑吧！国合中心健促会”等文体活动，并为职工举办集体生日会，提供公园卡充值等服务，让职工真正感受到“家”的温暖。

发挥工会桥梁纽带作用 建设职工之家服务平台

浙江省卫生计生委机关工会

浙江省卫生计生委机关工会自2015年8月正式成立以来，在委领导的关心支持和上级工会及本级机关党委的正确领导下，全体工会委员协同配合，认真努力工作，积极发挥工会“桥梁纽带、帮助服务、参与促进、活跃凝聚”作用，以开展职工之家建设为重要平台做了一些工作。

一、紧扣中心工作，服务大局

委员会中心工作任务的圆满完成与每一位干部职工的努力密不可分。委机关工会作为党联系职工群众的桥梁和纽带，以认真履行委员会的职责为工会工作的基础，以提高干部职工履职能力为工会工作的出发点和立脚点，以服务职工、维护职工权益、开展文体活动等为抓手，切实把全体职工的思想和行动统一到委员会的工作部署中，努力开创工会工作新局面，为卫生计生中心工作的圆满完成和促进卫生计生转型发展提供坚强保障。

二、健全组织，明确重点任务

委机关工会成立后，2015年9月6日召开了委机关工会第一次会议，委系统工会陶林森主任到会作了重要指示。全体工会委员认真学习了全国总工会、浙江省总工会的相关文件及领导讲话精神，统一了思想，明确了工会工作职责、面临的形势及任务，并对委机关工会组织人员进行了分工，设组织、宣传、财务、文体、调解及福利委员各1—2名。会议还听取了职工对工会工作的需求及建议，商讨近期工作任务，明确本届工会以服务职工，维护职工合法权益为出发点，重点做好三项工作：一是保障职工福利，在政策允许的范围内为职工争取福利的最大化；二是关爱职工生活，通过组织文体活动及开展走访慰问活动，丰富职工生活，体现组织关爱；三是充分收集广大干部职工对机关建设的意见建议，搭建职工沟通维权的桥梁。会后，在委系统工会的帮助下，委机关工会办理了变更组织机构代码证和法人登记证等组织手续，并理顺了财务管理工作。

三、健全制度，维护职工合法权益

为加强和方便工作交流，积极组织各处推荐工会小组长，建立了委机关工会微信群、QQ群，工会小组长QQ群，积极主动维护职工权益。2015年9月以来，明确了全体职工福利发放制度，按政策规定发放职工应有的福利，全体机关工会委员尽自己最大的努力为职工服务，为节省经费开支用好每一分钱，让每位职工享受节日、生日等福利，让职工体会到“家”的温暖。2015年，为在职职工及离退休人员发放了中秋蛋糕券；2016年，集体采购、分发春节年货，努力让职工获得最大福利。

四、开展相关活动，丰富职工文化生活

为丰富职工文化生活，积极组织工会会员参加委工会文体活动。2015年10月，组织委机关工会会员进行钓鱼比赛，选拔优胜者组团参加全省卫生计生系统钓鱼比赛；2015年12月，组织全体会员观看电影，开展了“为健康浙江加油”环西湖健步走活动。在活动开展过程中，全体工会委员认真做好活动方案，精心组织，积极配合；广大会员踊跃参加，放松身心，解除疲劳，增强交流，取得了较好的活动效果。

五、关心职工，开展慰问活动

为规范慰问活动，建立并出台了《委机关工会会员住院慰问暂行办法》，对生病或困难职工开展关爱活动，让职工感受组织温暖。2016年春节期间，慰问了委机关下派和援藏、援疆干部，关爱每位干部职工，倾听职工的心声，采用职工的合理化建议，激发职工的创造力和工作积极性。

六、遵纪守规，严格按规定管理工会财务

在工会经费开支上，认真按照浙江省总工会《关于加强和规范基层工会经费管理的实施细则》的要求，做到严格按规定开支，该花的一分不省，不该花的一分不花。同时，进一步加强经费保障，全额落实了按规定提取的工会活动经费。

高扬风帆　凝聚共识　建设学习型工会

浙江省医院发展中心工会

浙江省医院发展中心为新建公益二类事业单位，成立于2015年2月。中心组建以来，职工队伍逐渐扩大，软硬件建设逐步跟进，各项筹备工作积极展开。截至2015年年底，中心已有正式在编、借用及退休返聘工作人员13名。

为促进中心的健康发展，更好地维护职工的合法权益，2016年2月6日，经浙江省卫生计生委工会工作委员会批复，中心首届工会工作委员会正式成立。

一、严格按程序开展组织筹备工作

根据《工会法》《中国工会章程》及有关法律、法规的规定，在全体职工的强烈要求下，经主任办公会议研究决定，中心于2015年12月1日向浙江省卫生计生委工会工作委员会正式提请建立浙江省医院发展中心工会委员会，并上报了筹建小组及其成员。2015年12月8日，中心收到委工会工作委员会《关于同意成立浙江省医院发展中心工会筹建小组的批复》（浙卫计工〔2015〕46号）文件，同意工会筹建小组由何红波、董巍、钱燕飞3名同志组成。

工会筹建小组在何红波主任的领导下，坚持以《中国工会章程》和《工会基层组织选举工作暂行条例》为依据，本着高度负责的精神认真开展各项筹备工作，严格按程序采取“二上二下”的方式，组织开展了首届工会委员会委员候选人预备人选的推选，并认真起草《浙江省医院发展中心工会第一次会员大会选举办法》。2016年2月3日，中心召开首届会员大会，选举产生了3名首届工会工作委员会委员。

二、关心职工生活，增强团队凝聚力

作为新建单位，中心的工作任务极具挑战性和开拓性。基础团队成员来自不同单位不同岗位，面临新的工作环境和工作要求，必须迅速适应环境、转换角色，职工的工作压力大、困难多。为此，中心领导非常注重并带头实施温情管理。在职工工作调动过程中，积极协调办理省直住房公积金、医疗保险、工伤保险、失业保险等开户登记事宜，确保调入人员的“五险一金”与原单位无缝衔接。平时从小事做起，从细节入手，通过谈心方式了解并帮助解决新职工在工作学习生活中的困难，并在职工生日时送上贺卡和蛋糕；帮助新职工联系户籍迁移、临时用房租住和子女入学等事项，让职工更好地专注于业务工作。

为提升广大职工的工作活力，丰富其业余生活，工会筹备小组在没有工会经费的情况下，积极创造条件组织开展会员活动。2015年12月，工会筹备小组组织了迎新年登高活动，得到全体职工的积极响应和热情参与，完成了全程5公里的健步山行活动，在活动中大家畅言交流，互相帮助，极大地提升了团队凝聚力。

三、服务中心大局，打造学习型团队

2015年中心各项工作尚处在筹备阶段，中心工会自身建设亟待加强，各项工作有待拓展。工会组织是党和政府联系职工的桥梁和纽带，其重要职责是引导职工群众“围绕中心、服务大局、立足本职、建功立业”。中心成立以来，面对新课题、新使命，采取多种形式和途径，在职工中深入开展学习型组织创建活动，营造学习工作化、工作学习化的良好氛围。

一是建立了中心理论学习制度。采取职工自学、科室学习和中心集中学习相结合的方式，交流学习心得，提炼工作经验，探讨中心业务。

二是建立了中心微信群和QQ群。在集中学习的基础上，方便大家上传交流学习资料，了解兄弟省市医改新动向、新策略，群策群力打造“同成长共进步”学习平台。

三是通过“请进来”“送出去”拓展学习。平时利用参加工作会议的机会，邀请委机关相关处室负责人现场授课，讲解公立医院改革的重点和难点，充分展开探讨交流。同时，组织职工“走出去”调研。2015年有组织、有计划、有创新地先后外派职工赴北京、上海、深圳、重庆、福建三明等地参加学术研讨和交流参观近20人次，内容覆盖公立医院绩效考核、卫生总费用测算、医保支付方式改革，医院管理平台建设等方面，帮助职工深入领会兄弟省市诸多创新探索，进一步拓宽视野，促进工作开展。

第二部分
基层工会“双争”活动

——“争创模范职工之家、争做职工信赖娘家人”

浙江省人民医院工会“双争”活动展示

一、医院愿景

把医院建设成为百姓信赖、职工自豪、业界推崇的国内一流、具有国际影响力的临床研究型医院。

二、核心价值观

仁爱、卓越、奉献、创新。

三、医院精神

守望健康，追求卓越。

四、服务理念

关爱生命，患者至上。

五、医院荣誉

全国百佳医院、全国卫生系统先进集体、全国文化建设先进单位、全国工人先锋号、全国工会抗“非典”先进集体、全国城乡医院对口支援先进集体、卫生部医院改革创新奖、浙江省级文明单位、浙江省文明医院、浙江省模范职工之家。

浙江省人民医院是一所集医疗、科研、教学、预防、保健、康复、疗

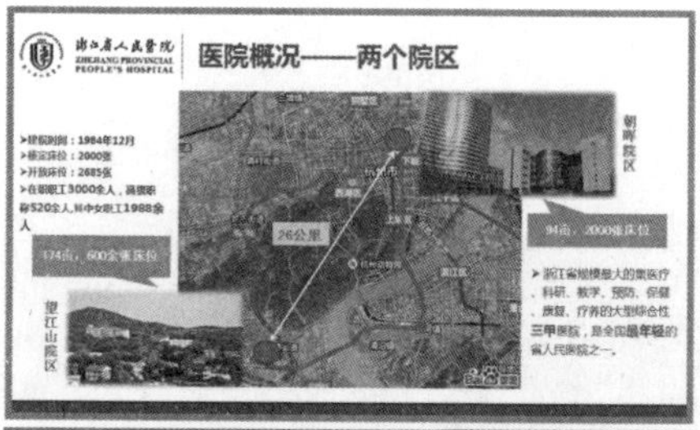

医院概况

关心职工生活

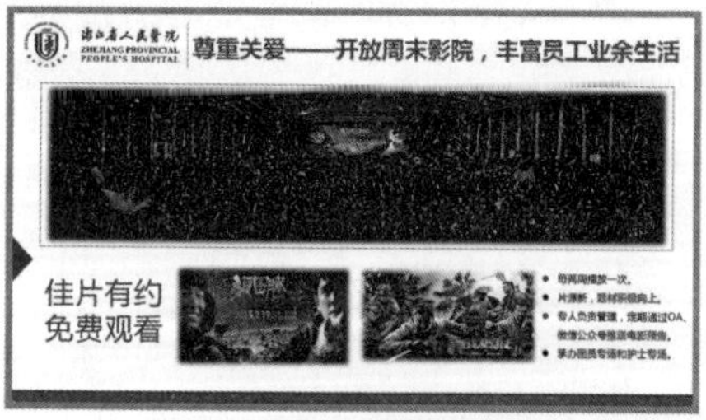

开放周末影院

养于一体的大型综合性三级甲等医院，隶属于浙江省卫生计生委。目前共有职工3000人，其中男职工1012人，女职工1988人，工会入会率达到100%。全院先后有15位职工被评为全国劳动模范、全国卫生系统先进工作者、全国医德标兵、全国五一劳动奖章、浙江省劳动模范、浙江省五一劳动奖章、浙江省“三八”红旗手。

院工会以文化建设为抓手，开拓基层工会工作新思路，用实际行动积极开展“双争”活动，先后成立了院合唱团、乐队、舞蹈队、羽毛球协会、篮球协会、足球协会、气排球协会、户外骑行协会、女子瑜伽班、职工业余文化课堂等。每年由工会组织举办院庆文艺晚会、羽毛球比赛、游泳比赛、足球比赛、篮球比赛、户外骑行等活动，每两年举办一次全院职工运动会，所有文体协会保证每周开展一到两次活动。由工会独立账户管理的职工爱心基金会已运行3年，援助困难职工21人，援助金额共计25万元。此外，规范职工生病住院探视制度，在职工生日当天送蛋糕，附书面贺信并发送手机短信祝福等，让医院这个“大家”成为每个“小家”的支撑点，让工会成为职工的“娘家人”，让每位职工都感受到公正、公平、和谐、关爱的医院文化。

完善院区商业配套

开展各种文体活动

打造医院“家”文化

浙江省立同德医院工会“双争”活动展示

浙江省立同德医院是浙江省卫生计生委直属的集医疗、科研、教学、预防、康复、保健为一体的三级甲等中西医结合医院，被列为全国重点中西医结合医院建设单位及浙江省中医名院建设单位。医院拥有3个院区，占地560亩，核定床位600张，全院职工近2000名。

院工会带领全院65个工会小组的会员紧紧围绕医院实施“二次创业”，真抓实干，固本强基，高标准建设升级版职工之家，努力建设“六有”工会，当好职工“娘家人”。注重强化民主管理，维护职工合法权益；献爱心、送温暖，关爱职工和劳模；以文化建设为抓手，以职工喜闻乐见的活动为重点，举办全院职工文艺汇演、职工运动会、“1+1”全民健身活动等；积极组队参加上级部门的各种比赛，并取得优异成绩，增强了职工的凝聚力，营造了和谐的团队氛围，为医院的快速发展作出了积极的贡献。

此外，职工小家和许多职工也获得了不少荣誉。药剂科、总务科、妇产科、急诊科等工会小组分别被评为全国模范职工之家、全国工人先锋号、全国五一巾帼标兵岗、全国女职工建功立业标兵岗，并有20余个工会小组被评为省厅级先进职工小家。马永春被评为全国抗震救灾模范，柴可群、魏克民等10名同志分别获得浙江省劳动模范、全国五一劳动奖章、浙江省五一劳动奖章和全国卫生系统先进工作者等荣誉，金素萍被评为全国优秀工会工作者，夏仲尼、王双珠等获得青年职工岗位能手、浙江省直机关职业技能带头人、先进操作法等荣誉。

职工运动会

《除夕钟声》获全国卫生系统“一切为了人民健康”文艺汇演最佳节目奖

划船比赛

长跑达人

自己的春晚

浙江医院工会“双争”活动展示

近年来，浙江医院工会坚持以科学发展观统领工会工作，全面贯彻实施《工会法》，按照工会“教育、维护、建设、参与”的职能要求和全国总工会广泛开展“双争”活动的要求，以及浙江省总工会《关于新形势下全省基层工会深入开展职工之家建设活动的实施意见》的通知精神，不断探索工会工作服务医疗业务工作的新办法、新思路，紧紧围绕医院中心工作，加大工会基础建设，狠抓规范管理，积极落实维权保障措施，持续开展创建职工之家活动，努力营造和谐向上的职工之家，为推进医院和谐健康发展发挥了积极作用。

工会会员代表大会

一、健全工会组织，提供扎实保障

院工会成员覆盖到每个科室，健全的工会组织体系为职工全面参与医院发展建设提供了可靠的组织保证，同时也是工会开展各项工作的基础。院工会设有经审委员会、女职工委员会，并按照《工会法》定期进行换届。当前的第九届工会委员会拥有会员近1800人，工会小组60个（其中劳务派遣工工会小组3个、会员102人），入会率达100%。

职工代表大会

职工小家

二、围绕中心工作，促进医院发展

职工风采

院工会紧密围绕中心工作，牢固树立“建家就是建单位”的思想，坚持党委领导、行政支持、工会具体实施、职工热情参与的建家工作格局。积极开展劳动竞赛活动，激发活力，创新发展。把职工是否满意作为衡量建家活动成效的主要标准，依靠会员建家、评家、护家。

职工运动会

三、加强民主管理，实行民主监督

院工会始终以搞好民主管理、实行民主监督为工会、职工代表大会的工作重点，组织好每年一次的职工代表大会，认真审议院长的医院工作报告、财务报告和职工代表提交的各项议案，代表的提案落实率达90%以上。同时，推行院务公开，接受职工的民主评议和监督，保障职工民主权利。

四、维护职工权益，为职工办实事

院工会对关系到职工切身利益的重大事项都主动交职工代表大会讨论，并积极听取职工代表的意见。逢年过节走访特别困难和长期病休的职工，及时慰问住院的离退休老同志及病故同志的家属，送去组织的关怀和“家”的温暖。同时，参与职工劳动纠纷的调解，对职工工作、家庭中的矛盾作适当调解，使工会成为职工的“娘家人”。

五、弘扬劳模精神，传递正能量

院工会以医院文体活动为载体，开展丰富多彩的文体活动，旨在丰富职工文化生活，陶冶职工情操，提高广大职工的思想素质和文化素质，引导职工积极向上，爱院如家，为医院争光创荣誉。通过开展“向身边的先进人物学习”

等活动，倡导职工以“最美护士”、全国先进工作者等为榜样，弘扬正能量，推进工作开展；每年安排劳模和各类先进疗休养，激励职工奋发有为；广泛开展群众性文体活动，做到工会小组展板上墙，展示小组成员的精神面貌。

劳模风采

六、加强自身建设，工作扎实有力

院工会严格抓好工会干部廉政教育，通过开展多种形式的廉政教育活动，提高他们廉洁自律、干净干事的意识和觉悟。同时，严格财务审计制度，收好、管好、用好工会经费。

此外，切实以建家“六有”为标准，正确把握开展建家活动与促进医院建设发展的关系，致力于把广大职工的智慧和力量凝聚到医院建设上来，推动工会各项工作广泛深入开展，并以创建先进职工小家为抓手，为争创全国模范职工之家不懈努力！

浙江省肿瘤医院工会“双争”活动展示

医院领导、职工风采

浙江省肿瘤医院建立于1963年10月，坐落于杭州市区半山国家森林公园景区内，是国内最早创建的四家肿瘤专科医院之一，在全国31家省级及以上肿瘤专科医院中综合实力排名第七。本着“仁爱、和谐、博精、创新”的院训与管理发展理念，医院已发展成集预防、医疗、科研、教学与信息为一体的全省规模最大的三级甲等肿瘤专科医院。

一、医院概况

医院占地面积105亩，医疗用房面积16万平方米，拥有床位1500张，全院在册1689人，其中专业技术人员1617人。院工会成立于1964年，现有会员1582人，工会小组56个。

二、建家经验

工会是代表和维护广大职工合法权益的群众组织，是党联系广大职工的桥梁和纽带。在委工会和医院党政的领导下，院工会积极创建和谐医院，创新创效地履行维护职能、教育职能、建设职能、服务职能，相继开展了羽毛球、乒乓球、足球、篮球、钓鱼、摄影、瑜伽、游泳等业余兴趣小组活动。2006年7

各类职工活动

月，院工会被评为浙江省直机关工会先进职工之家。2013年，被评为全国教科文卫体系统模范职工之家。2015年，综合病区周慧娟护士长荣获浙江省五一劳动奖章，乳腺外科七病区被评为浙江省工人先锋岗。

院工会急职工所急，想职工所想，把工会建设成温暖的职工之家。每年组织劳模代表、退休职工、在职人员参加外出疗养活动；组织大龄青年联谊会；对婚、丧、病、困职工及时做好慰问、救济工作，主动及时慰问生病住院、家有突发事情、生育孩子的职工，建立困难职工档案，并给予适当的补助等，使职工真正体会到“家”的温暖。

三、目标措施

第一，推进职工书屋建设。为加强医院职工之家建设，院工会积极推进职工书屋的创建，以移动读书为主体，让口袋图书随行而动，丰富医院职工的精神文化生活。在实体图书馆的基础上，创建了图书馆门户网站，将图书馆的书刊资源整合起来，通过门户网站传递给读者，以实现图书馆资源的信息化建设。在院内网系统上安装了电子书库，方便本院职工在内网上阅读电子图书，图书内容丰富，涵盖了医学、哲学、文学、计算机、管理等多种学科。图书馆更是提供了文献检索咨询服务，配备了10余台电脑以及专职管理人员，帮助职工进行文献检索。医院OA网上的电子图书馆实时更新外文期刊，让医务人员可以第一时间看到医学最新进展和动态。

职工新春活动

第二，创新思路，晒出科室“全家福”。院工会举办了医院文化节“家的感觉”科室“全家福”评比活动，得到了全院各科的大力支持，共收到来自69个科室的100余幅照片。根据专家评比成绩，结合职工网络投票结果，评出一等奖3名，二等奖6名，三等奖9名，单项奖16名，优胜奖35名。评比活动在《钱江晚报》微信和报纸进行同步推广，取得了良好的社会反响，提升了医院美誉度。

第三，对职工生日蛋糕卡进行招标。院工会针对不同职工群体的需求，改进了生日福利的发放形式，在2015年年初进行了职工生日蛋糕卡的招标。通过职工海选、专家和大众评委正式评选，从优势、产品口味及包装、报价、服务方案4个方面进行综合评分，择优选出了两种品牌，职工可以在蛋糕和面包充值卡中自由选择。

四、成果展望

职工是主力军，院工会把“竭诚为职工群众服务”作为一切工作的出发点和落脚点，让职工群众真正感受到工会是职工之家，工会干部是最可信赖的“娘家人”。

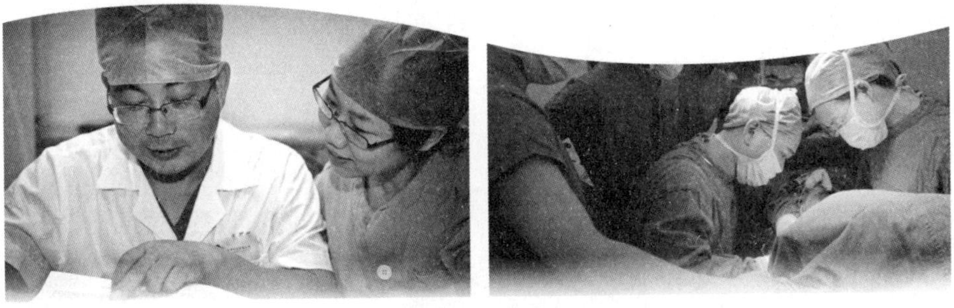

职工工作风采

浙江省医学科学院工会“双争”活动展示

“我为创建一流增光彩”演讲比赛

“西湖扬帆　健步走”活动

浙江省医学科学院成立于1950年，是浙江省唯一一家综合性医疗卫生科研机构，现有职工427人，其中劳模11人、院士2人、享受国务院特殊津贴43人、入选“新世纪151人才工程”22人。医科院由天目山路本部、滨江高新区和临安科技园区3大区块构成，设有9个研究所、3个中心、3个硕士点、1个博士后科研工作站，被浙江省政府列为四家重点科研院所之一，并有专利产品甲肝疫苗。

院工会在党委和上级工会的领导下，紧紧围绕科研工作中心，以创建职工之家为载体，“以点带面，逐步推进”，从合格职工之家、先进职工之家、模范职工之家、职工之家建设示范单位到争创中国教科文卫体系统先进工会组织，一步一个脚

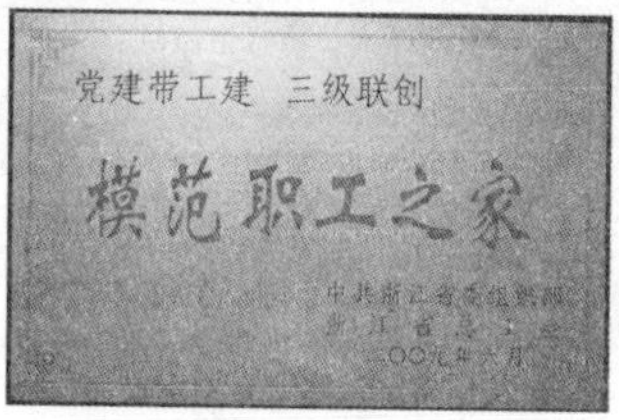

2009年被评为模范职工之家

2012年被评为职工之家建设（创先争优）示范单位

“学业务　练技术　比能力　上水平”现场掠影

首届青年科技人员科研技能竞赛

职工访谈节目

迎新春文艺汇演

印，踏踏实实，使建家工作稳步迈上新台阶。

活动聚人心，建家促发展。党政班子的重视和支持、职工会员的肯定和参与，是工会工作的力量和源泉。院工会始终坚持科学发展观，注重工作着力点，把握建家理念、建家方法、建家目的三要素，以建设和谐医科院为目标，充分发挥工会的的桥梁纽带作用，通过开展“能力・素质”“岗位・作为”“维权・服务”“建制・帮扶”“强身・健体”“量化・考评”等一系列活动，积极引导广大职工“动起来”，树立大局意识、改革意识，进一步激发职工的昂扬斗志，逐步使职工之家建设制度化、规范化、经常化，有力地助推医科院各项工作的持续开展。

各类职工活动

杭州医学院工会“双争”活动展示

高校教工之家建设工作是高校工会组织自身建设的重要内容，是高校工会工作的出发点和落脚点，加强和改进教工之家建设，能够更好地代表和维护教职工的合法权益。

2013年被评为全国教科文卫体系统先进工会组织

一、单位概况

杭州医学院是培养高素质应用型医药卫生人才的全日制公办普通高等院校，现有全日制在校生5471人，专任教师338人。学校工会委员会成立于1980年10月，现为第十一届委员会，拥有会员450余人，下辖21个工会小组。多年来，校工会在浙江省卫生计生委工会委员会和学校党委的领导下，全面履行维护、建设、参与和教育四项职能，充分发挥桥梁和纽带作用，紧紧围绕学校中心工作开展工会工作，于1998年被全国总工会授予“全国模范职工之家”称号，2005年和2013年两次被中国教科文卫体工会授予“先进工会组织”称号。

二、建家措施

1.围绕学校中心工作开展活动。推进以“党建带工建”的教职工素质提升工程，加大优秀师德典型宣传力度，形成重德养德的良好风气，继续开展“三育人”评比活动。

2.切实维护教职工合法权益。以教职工代表大会为载体，切实维护教职工的合法权益。审定学校“十三五”发展规划，做好2016年双代会换届工作，进一步完善教职工代表大会代表列席校长办公会议制度。

3.突出教职工在教工之家的主体地位。采取丰富多彩的形式，用温馨的情感传递和渗透学校的育人理念和价值观念，从深层次影响教职工的理想、信念、价值取向、情感和行为。

4.全心全意服务教职工。努力为教职工办实事、解难事、做好事，热心为教职工服务，建立常态化、长效化帮扶工作机制。

5.开展生动活泼的文体活动。利用已建好的“师生之家”场地，开展专业发展型、健身保健型、美化生活型和休闲娱乐型等各种形式的活动，增强教职工凝聚力和工会工作活力，着力开展校园文化建设。

6.加强工会自身建设。努力建设“六有”工会，完善工会队伍建设，做好工会干部队伍培训，提高其工作能力，增强其大局意识、责任意识、服务意识。严格规范工会经费管理，加强工会财务制度建设，及时纠正经费使用过程中存在的问题。

各类职工活动

浙江省皮肤病防治研究所工会“双争”活动展示

浙江省皮肤病防治研究所工会在所党委和上级工会的领导、支持下，紧紧围绕单位中心工作，认真履行“维护、参与、建设、教育”四大职能，牢固树立“建家就是建单位，建家就是建队伍”的建家理念，以强化会员主体地位，切实为职工群众服务为主线，坚持融入思想、融入职能、融入职工、融入中心，深入开展职工之家建设，努力打造规范之家、民主之家、温暖之家和文明之家，使职工之家建设在促进单位事业的发展、维护单位的和谐稳定中发挥重要作用。近年来，先后获得浙江省直机关工会先进职工之家、浙江省卫生计生委系统工会工作先进单位、“创建学习型组织、争做知识型职工”活动先进单位、浙江省工人先锋号等荣誉。

融入思想，加强领导，着力建设规范之家

融入职能，促进和谐，着力建设民主之家

融入职工，服务群众，着力建设温暖之家

融入中心，推动发展，着力建设文明之家

浙江省疾病预防控制中心工会“双争”活动展示

浙江省疾病预防控制中心一角

浙江省疾病预防控制中心成立于2000年6月，前身为成立于1953年的浙江省卫生防疫站，是直属于浙江省卫生计生委的公益一类事业单位，机构规格相当于副厅级，内设6个正处级职能处室、11个正处级业务所。中心承担政府疾病预防控制技术管理与服务职能，是浙江省疾病预防控制工作的业务技术指导中心、检验检测中心、科研培训中心和信息管理中心。

多年来，中心工会在浙江省直机关工会和省卫生计生委工会的正确领导下、在中心党政领导的高度重视和支持关怀下，继承和发扬中心工会的光荣传统，紧紧围绕中心的目标任务，把自觉接受党的领导、团结服务职工群众、依

中心第四届一次工会会员代表大会

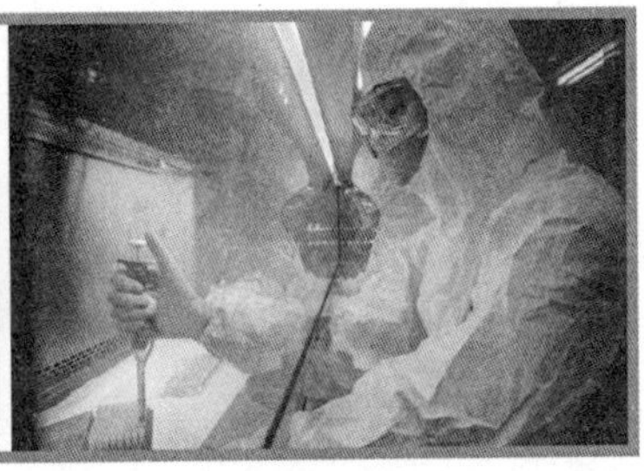

职工工作风貌

法依章程开展工作统一起来。健全工会领导班子，建立了一支数量充足、结构合理、富有活力的工会积极分子队伍；完善职工民主管理，维护职工合法权益；加强工会自身建设，努力创建学习型工会；深化“送温暖”工程，努力当好“娘家人”；开展各项文体活动，增强职工凝聚力，努力组织职工、引导职工、服务职工、维护职工合法权益，团结动员全体职工积极投身疾病预防控制伟大事业。

中心先后获得全国总工会“抗震救灾、重建家园”工人先锋号、全国文明单位、全国模范职工之家以及浙江省五一劳动奖状等荣誉。对于中心工会的发展，戴慧华主席提出要“坚定理想信念，密切联系群众，创先争优作表率”，俞莎副主席提出要“加强政治学习，强化服务意识，提高维权能力，端正工作作风，争做职工最可信赖的‘娘家人’”。

各类职工文体活动

浙江省血液中心工会“双争”活动展示

一、中心基本情况介绍

浙江省血液中心是浙江省人民政府批准设置，直属于浙江省卫生计生委的公益性卫生事业单位，主要承担浙江省采供血工作的业务指导、质量管理、教育培训和输血医学科研任务，负责杭州市及市属各县（市、区）的采供血工作及全省的应急供血工作。现有在岗职工215人，其中编内126人，编外29人，劳务派遣51人，借用8人，委派1人，工会入会率达100%。

二、职工之家建设的主要特点

（一）党政领导重视，动员广大职工积极参与建家

1.充分发挥职工代表大会的作用。

2.将工会工作列入中心年度工作目标。

3.在全体职工中进行广泛动员，保障各项活动的高参与度。

4.在工会各项制度、机制的建设中给予指导和规章制度方面的支持。

5.班子成员积极参与各项活动，发挥带头示范作用。

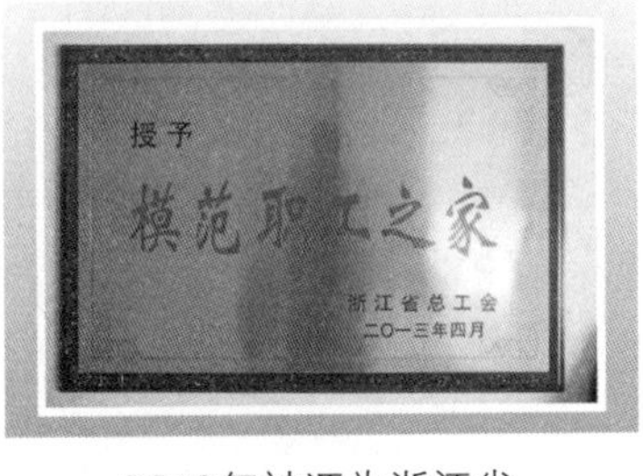

2013年被评为浙江省模范职工之家

2011年被评为全国教科文卫体系统先进工会组织

（二）健全组织体系，建设规范之家

1.不断推进工会制度建设。

2.健全工会架构，加强组织领导。

3.严格规范工会经费管理。

（三）强化维权职能，创建民主之家

1.充分发挥职工代表大会的作用。

2.建立同工同酬的薪酬管理制度。

3.给予同等的民主政治权利。

4.加强工会干部的素质能力培养。

（四）加强文化建设，建设和谐之家

1.积极组织开展技能比武、知识竞赛等活动。

2.以“全民健身日”为主线，开展中心群众体育活动。

3.文艺节目精彩纷呈，屡获佳绩。

4.弘扬奉献精神，提升职业道德。

5.鼓励职工发展业余爱好。

6.积极创建“工会园地”。

7.发挥行业龙头作用，带动全省血站系统文化建设。

第三届青年医学技能竞赛

职工运动会

“永远跟党走”合唱比赛

浙江省卫生监督所工会“双争”活动展示

浙江省卫生计生系统第四届职工划船比赛

首届全国卫生监督技能竞赛表彰颁奖

浙江省卫生监督所工会自2000年6月成立以来，始终把“促和谐、增凝聚力”作为工会工作的主要目标，紧紧围绕卫生监督执法中心工作，按照“组织健全、维权到位、工作规范、作用明显、职工信赖”的总体要求，积极开展职工之家创建活动。

各类职工文体活动

1.组织健全。2015年4月，完成了第四届工会改选，全所7个工会小组的87名会员依法选举了新一届工会委员会、经费审查委员会和女职工委员会，成立了乒乓球、羽毛球、马拉松、划船、太极拳、摄影、读书观影等兴趣小组。

2.制度完善。建立了定期工会会员大会制度，所务公开制度，定期走访、慰问困难职工制度，职工文体活动制度，工会经费管理制度等一系列规章制度，确保工会工作规范有序。

3.保障有力。创造条件建立了职工食堂，提供面条、水饺等早点，以及食品代卖等服务；设立了自行车充电、充气点；规划了职工停车场等一系列便民措施，满足职工的多样化需求。

4.活动经常。每年组织职工开展春秋游及疗休养活动，组织开展迎新文艺演出、趣味运动会、钓鱼比赛、羽毛球比赛、乒乓球比赛等活动，促进了两个文明建设。

5.成效明显。2004年，被评为浙江省先进职工之家。2012年，夺得首届全国卫生监督技能竞赛团体第一名，并被全国总工会命名为“全国卫生监督先锋号”。2015年，被中央精神文明建设指导委员会命名为“全国文明单位”。

2004年被评为浙江省先进职工之家

2015年被评为全国文明单位

浙江省医学学术交流管理中心工会“双争”活动展示

职工小家展板由各工会小组精心设计、中心工会统一制作，旨在宣传和弘扬职工高昂的精神风貌。每个工会小组都有一张小组成员的“全家福”，每位职工自选一张生活照、一句人生格言，充分展示自己。通过小家展板的上墙，让职工更加了解自己和科室的整体人员情况，便于职工充分沟通，营造浓厚的大家庭氛围。

工会小组“全家福”

浙江省爱国卫生发展中心工会“双争”活动展示

浙江省爱国卫生发展中心工会在浙江省卫生计生委机关工会的领导下，不断加强自身建设，完善工会组织，创新工作方法，积极“争创模范职工之家、争做职工信赖娘家人”。

钓鱼比赛

学习先进

工会知识培训

一、完善组织，规范工作，加强工会自身建设

在委机关工会的大力支持下，中心工会在人员发生调动后，及时增补了工会主席，调整了工会小组，保障了工会工作的顺利开展。同时，进一步配强了工会工作人员，为今后更好地开展工会工作奠定了良好基础。2015年，为规范工会工作和更好地为会员服务，中心工会专门制定了《浙江省爱国卫生发展中心工会工作规定》，建立了定期会议制度（每季度召开一次工会委员会扩大会议），规定了有关工作程序，并提出了具体工作要求，使中心工会工作更加规范化。

二、加强学习，提升修养，不断提高工作水平

2015年，中心进一步完善了学习制度，制定下发了《浙江省爱国卫生发展中心职工学习制度》和《浙江省爱国卫生发展中心党支部党员学习制度》，并严格按

照制度要求执行，有效提高了职工的学习积极性和学习效果。中心工会还专门组织职工到武康疗养院学习上柏住院部医疗团队的“时代楷模”精神，并慰问了麻风病患者，使广大职工深受教育和启发。

三、创新方法，征求意见，丰富职工文化生活

为组织好2015年的工会活动，提高职工工会活动参与率，中心工会在年初就向全体会员征求意见，以确定当年工会将要开展的活动。活动内容既有关注职工的思想教育活动，也有回馈社会的帮扶活动，从而提高了职工参与率，丰富了职工文化生活，有效提升了中心凝聚力。

四、注重公开，及时通报，促进民主监督管理

中心工会主动接受职工的民主评议和监督，凡涉及招聘、基建、职称晋升、大型设备招标采购等重要事项，均面向全体职工进行公示，保障职工的民主监督权利。每年年初，经全体会员讨论后制订年度工会工作计划，并下发各工会小组执行；年终分析全年工作情况，进行工会工作总结，并与工会财务状况一并向会员报告，实行政务公开，加强了民主管理。

划船比赛

趣味运动会

妇女节活动

工会委员会扩大会议

浙江省药械采购中心工会“双争”活动展示

中心职工风采

职工集体生日会

浙江省药械采购中心是浙江省卫生计生委所属的公益一类事业单位，目前办公面积为1500平方米。中心主要职责是提供浙江省药品、医疗器械、医用耗材等集中采购的招标相关业务服务；提供药械网的集中采购电子交易服务；承担药械采购平台的建设和维护；承担集中采购日常交易部门的监管服务。中心工会紧紧围绕上述职责工作，积极履行各项职能，维护职工权益、倾听职工心声、丰富职工生活。

一、组织各类培训，提升职工综合素质

为提高职工的综合素质，工会组织了各类培训，内容涵盖了与工作相关的药品和耗材相关知识、集中采购流程、中心规章制度、公文写作以及廉洁自律规范等方面，同时也有提升个人素质的摄影培训、法律法规学习、办公软件培训等。

二、开展文体活动，加强中心文化建设

中心工会开展了各类文体活动，并积极组织职工参与上级工会的活动，包括团队拓展训练、包粽子比赛、乒乓球比赛、征文活动、摄影比赛、划船比赛等，既发挥了职工的个人特长和兴趣，丰富了职工的文化生活，又加强了职工之间的交流与互动，使中心氛围更加和谐友爱。

庆端午包粽子比赛

三、推行民主管理，促进中心健康发展

中心工会推行职工民主管理制度，多次开展“金点子”创意活动。在中心LOGO、新租用房选址、新办公场所环境美化、业务工作等事务上充分贯彻“公开、公平、公正”的原则，广泛征求职工意见，让职工行使知情权、表达权。

四、关心职工生活，加强职工之家建设

中心工会真切关怀每一位职工。在职工生日当天，通过单位QQ群送生日祝福，每月过集体生日；看望生病住院的职工；慰问家庭经济困难的职工；关心职工的情绪，建立谈心谈话制度，对新入职、发生工作差错、出现情绪波动、有违纪违规行为、进行岗位变动和提出辞职申请的职工，由中心主任或工会干部及时与其谈话，分析问题，了解心声，疏导解决。

浙江省卫生计生培训中心工会“双争”活动展示

浙江省卫生系统培训中心成立于1988年9月，前身为浙江省卫生厅招待所。2000年9月，经省编办同意，增挂浙江省卫生系统后勤服务中心牌子，实行一个机构两块牌子。2015年4月，与浙江省计划生育干部培训中心整合设置为浙江省卫生计生培训中心（浙江省卫生计生系统后勤服务中心），是浙江省卫生计生委直属的公益二类事业单位。中心目前共设有7个工会小组，5个工会兴趣小组，5名工会委员。

一、建家经验

近几年，中心在政治上支持建家、思想上关心建家、物质上帮助建家，在整个建家过程中，坚持集思广益，建设一个民主之家；坚持以人为本，建设一个温暖之家；坚持搭建平台，建设一个兴趣之家，营造了良好的建家氛围。

各类职工文体活动（一）

二、目标措施

在今后的建家工作中，面临着单位整合的新发展机遇，中心工会将进一步强化民主管理，提高民主决策能力；实施素质工程，提升职工能力素质；开展困难帮扶，解决职工实际困难；培育特色文化，加强团队战斗力和向心力。

三、成果展望

通过下一阶段的建家工作，将中心工会建设成为职工亲近、信赖的职工之家，在推动和深化改革、促进中心发展、保持队伍稳定方面发挥更大的作用。

各类职工文体活动（二）

浙江省卫生计生信息中心工会“双争”活动展示

浙江省卫生计生信息中心工会本届委员会成立于2015年4月30日，由浙江省卫生信息中心、浙江省人口计生信息中心、浙江省卫生信息学会和浙江省心理健康促进会联合组建，共有会员38人、主席1人、副主席1人、工会委员会成员7人、经费审查委员会成员3人，平均年龄36岁，是一支充满活力、积极向上的队伍。

中心工会以宪法为根本活动准则，按照《工会法》和《中国工会章程》开展工作，依法行使权利和履行义务。自成立以来，中心工会在上级委工会的领导和支持下，团结动员全体职工加强思想政治和科学文化学习，积极开展有益职工身心健康的各类活动，先后组织职工参加了爬山比赛、足球比赛、划船比赛、乒乓球比赛等，均取得了不错的成绩。

下一步中心工会将以服务职工为宗旨，结合中心实际情况，积极筹划组建职工之家，逐步健全完善组织体系，认真制定落实规章机制，努力创新丰富活动载体，用心解决职工生活中的实际困难，切实维护职工合法权益，努力为职工建设民主、奋进、安康、和谐之家。

各类职工文体活动

浙江省计生协会机关工会“双争”活动展示

为切实履行工会职能，进一步增强工会组织吸引力和凝聚力，浙江省计生协会机关工会在围绕协会中心开展工会工作的同时，更好地发挥维护干部职工具体利益的职能作用，通过开展创建职工之家，推进工会重点工作的落实，努力提高工会建设水平。

一、单位概况

浙江省计划生育协会成立于1984年9月17日，是浙江省委领导下的17个群众团体之一，业务上接受浙江省卫生计生委的指导，是浙江省财政一级预算管理单位。内设3个部（室），核定编制13名，副厅长级专职副会长职数1名，处级领导职数6名。浙江省计生协会机关工会成立于2015年4月，现有会员15名。

二、建家原则

1.党建引领。认真落实“党建带工建”的要求，争取党组织对基层工会思想建设上带、组织建设上带、工作创新上带，努力形成支部统一领导、工会具体实施、干部职工热情参与的创建工作格局。

2.以人为本。坚持会员评家，突出职工群众在建家活动中的主体地位，把职工和会员是否满意作为衡量建家成效的主要标准。

3.阵地共享。针对单位办公用房紧张的实际情况，最大限度发挥已有的基层党组织、宣传栏、网站、微信等现实和虚拟阵地，采取加一栏、搭一股、添一块等方式，努力实现党群阵地共建共享、综合利用，最大限度地发挥作用。

三、建家内容

1.健全组织，建规范职工之家。按照相关要求，配备符合规定的工会领导班子，依法办理社会团体法人登记；建立独立的工会经费银行账户，并按财务制度规定单独建账核算；健全会员（代表）大会、经费收缴管理使用等制度；健全工会工作台账、档案等资料。

2.民主管理，建和谐职工之家。针对会员政治素质高、参政议政能力强、人事关系比较稳定、劳动经济层面矛盾不突出，但在民主政治权利、素质提升、自我发展等方面有着强烈预期的特点，坚持党政所需、职工所盼、自身所能，充分保障职工民主参与、民主管理、民主监督的权利，维护职工权益，做到真诚代表、切实维护，为职工群众做实事、办好事、解难事。

3.服务职工，建温暖职工之家。建立和完善困难职工档案，开展职工生活后勤保障等多种形式的服务；依法维护女职工特殊权益，做好女职工劳动保护工作；组织职工开展摄影书画展、广播体操等丰富多彩的文体活动，营造乐观向上、积极进取、生动活泼、发展创新的环境，在各项工作中体现干部职工的精气神。

4.提升素质，建创新职工之家。开展好各项文化兴趣沙龙建设，积极利用网络、手机等传媒工具开展读书竞赛活动，全面提高干部职工理论水平和综合素质能力；健全职工教育培训机制，按规定提取、使用职工教育培训经费；引导工会会员参与群众性精神文明创建活动，开展志愿者服务、爱心助学、社会义工等公益性活动，进一步推动单位精神文明建设。

工会会员风采

浙江省计生药具管理中心工会“双争”活动展示

浙江省计生药具管理中心工会是浙江省卫生计生委直属、承担行政职能的监督管理类事业单位，于2015年4月30日经委机关工会委员会批准成立，现有工会会员10人。

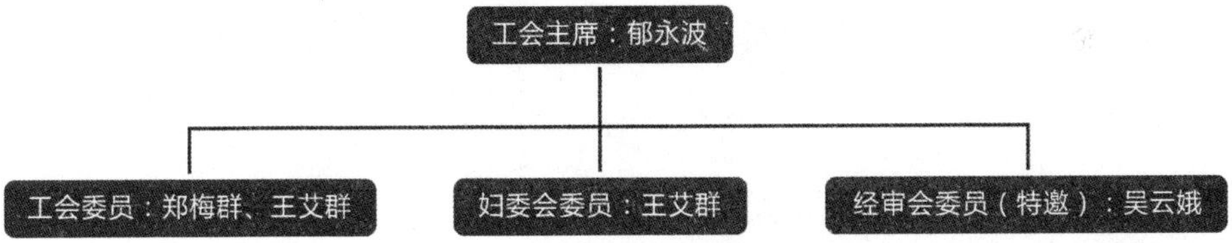

工会机构组成图

一、建家目标

认真落实科学发展观，深入贯彻党的全心全意依靠工人阶级的指导方针，紧紧围绕浙江省卫生计生委和计生药具管理中心发展的中心任务，依法加强和规范工会组织建设，切实履行工会维护职工合法权益的基本职责，努力把基层工会建设成为工作活跃、党政支持、职工信赖、富有生机和活力的“会员小小家”。

二、经费来源和管理

（一）工会经费来源

1.职工每月缴纳的工会费。

2.根据年度工资总额的2%计提的工会费。

3.专项划拨的工会经费。

（二）使用管理办法

严格按照基层工会账户管理办法和相关财务管理制度，管好、用好工会经费，公开经费使用情况，接受工会经费审核委员会的核审及全体工会会员的监督。

（三）使用管理原则

依法独立管理，坚持“统筹兼顾、明确重点、量入而出、收支平衡”的预算管理原则，勤俭节约，为职工服务。

三、工会工作内容和形式

1.根据中心发展主题开展专题活动，对中心的重大决策进行民主参与和民主监督。

2.每季度开展形式多样的文体活动，活跃工作氛围，促进会员全面健康发展。

3.组织安排好年度会员休养相关事宜。

4.关心会员困难，听取会员意见建议，保障会员福利，维护会员权益。

工会所获荣誉

职工爬山活动

浙江省计生宣传教育中心工会“双争”活动展示

中心职工风采

一、中心概况

浙江省计生宣传教育中心是浙江省卫生计生委所属的社会纯公益性事业单位，机构规格相当于县处级，编制18人，现有35人，其中在编15人。内设办公室、音像科、文图科、发展部、编辑部、新媒体部6个科室，主要承担浙江省卫生计生委《健康浙江》微信、微博、杂志和全省卫生计生系统电视宣传片、广播节目、墙报、图书和其他宣传品制作发行等卫生计生宣传教育工作。2015年3月，成立了中心工会本届委员会，由全体职工民主推选委员5名，其中主席1名。

二、经验分享

1.建章立制，逐步规范。通过依法维权、民主参与、劳资协调、职企发展共赢四大机制，完善组织、制度、档案、经费四项管理，提高职工代表素质，发挥职工代表作用，有效促进职工之家建设。

2.以人为本，凝聚人心。特邀有关领导和专家做讲座，辅导如何转型升级求发展，以求更好地适应机构改革后的工作现状。

3.创新载体，丰富内容。召开全体党员大会纪念中国共产党成立93周年；开办“创建生态文明城市、食品安全”讲座；组织参观浙江美术馆“煌煌大观——敦煌艺术展”；组织召开学习上柏住院部医疗团队先进事迹的动员会；参加委工会组织的划船比赛等。

三、目标措施

以打造职工之家为目标，着力建设一个广泛参与、内容丰富、平等互助、凝聚人心的职工之家。

1.工会工作入主流。围绕浙江省卫生计生宣传教育工作主线，发挥工会牵引作用，将工会活动有效融入宣传教育工作中，提高业务水平，活跃工作氛围，增强凝聚力，最大限度发挥工作热情。

2.工会工作暖民心。出台职工疗休养政策，明确按规定发放福利，每位职工均享受休假疗养、节假日、生日福利等，让干部职工体会“家”的温暖。

3.工会工作再创新。积极创建条件，拓展各项服务，丰富活动形式，实现资源共享、互赢互利。

四、成果展望

以职工之家为平台，围绕浙江省卫生计生委中心工作，助推卫生计生宣传教育工作，积极开展各项活动，更好地为全省卫生计生事业发展和实现“健康浙江”发展战略作贡献。

职工之家一角

浙江省计生科学技术研究所工会“双争”活动展示

浙江省计生科学技术研究所成立于1985年（1999年经浙江省编办批准增挂浙江省生殖保健院牌子），是集科研、临床、技术指导和培训为一体的纯公益一类事业单位。内设办公室、女性研究室、男性研究室（含人类精子库）、影像检查室、中心实验室5个科室，并建成浙江省人类精子库和专科门诊部。经历了30年的发展，科研所已成为全省计划生育技术指导中心、计划生育新技术推广应用中心和生殖健康服务中心。2011年被评为浙江省群众满意站所，2012年获浙江省“巾帼文明岗”称号，2013年被浙江省卫生计生委评为委级先进集体。

2015年5月，组织职工健走西湖

2015年4月，经报浙江省卫生计生委工会同意，科研所正式成立了浙江省计生科学技术研究所工会。自成立以来，所工会在委工会的正确领导和所领导的支持下，不断探索和逐步推进工会自身和职工队伍建设，现已发展会员40人，职工入会率达100%。

2015年6月，组织职工参加委系统划船比赛

所工会认真抓好维权服务，广泛开展文体活动，并着手开展职工之家建设（目前场所已建成，各项配套设施正在完善），充分利用现有资源将职工之家打造成凝心、舒心、暖心的职工学习交流、娱乐活动、生活互助平台，最大限度地保护和调动职工积极性，推动科研所和谐发展。

2015年6月，组织职工
开展摄影知识讲座学习

2015年7月，组织职工
参观南湖纪念馆

2015年8月，组织职工
开展消防安全讲座培训

2015年9月，组织职工
赴上柏住院部参观学习

浙江省国合中心健康促进会工会“双争”活动展示

浙江省医疗卫生国际合作发展中心成立于2001年，是浙江省卫生计生委下属的事业编制机构，旨在开展医疗卫生对外交流与合作，为促进浙江省医疗卫生国际合作提供服务。

浙江省健康服务促进会成立于2014年9月，是由浙江省医学院校、省级医疗卫生单位、医疗器械、医药企业和健康服务业机构共同自愿组成并依法登记的全省性、行业性、学术性、非营利性的社会团体，旨在贯彻执行我国独立自主的和平外交政策和对港澳台的基本方针，开展全方位、多层次、宽领域的民间健康服务与对外合作交流，同时发挥专业指导、服务和推动作用，履行服务政府、服务社会和服务会员的职能，促进浙江省健康服务产业的发展。

在委工会的关心和帮助下，浙江省医疗卫生国际合作发展中心、浙江省健

各类职工文体活动

康服务促进会两家单位于2015年联合成立了浙江省国合中心健康促进会工会，现有会员18人。在成立后的短短几个月内，健促会工会以“服务职工、关心职工、促进工作”为目标，通过组织学习、文娱活动，改善办公环境等一系列措施，充分调动了广大职工的工作积极性。

一、创建学习环境，提高业务能力

建设学习型工会一直是工会建设的重点。健促会工会高度重视创建良好的学习环境和科学的学习制度。制订每周学习计划，利用中午休息时间，邀请日本交流生定期开展日语课程，并创建了英语学习交流课堂，对职工培养语言能力、提高业务水平起到了很关键的作用。同时，在办公室一角设立了“好书学习”专栏，共同分享好书、好资料以及学习心得。此外，健促会工会积极关注会员的心理健康状况，2015年6月，专门邀请浙江省卫生信息中心主任倪荣开办心理健康和情绪管理讲座。

二、组织开展丰富多彩的文娱活动

健促会工会利用周末组织全体职工前往千岛湖户外拓展培训基地进行拓展训练，通过信任背摔、高空独木桥、真人CS等项目的训练，使职工树立了换位思考、相互配合支持的团队合作意识，改善了团队成员的沟通方式，增进了互信、互助意识；通过组织职工参加委工会举办的西湖龙舟赛，树立了团队合力制胜的信念，增强了职工的集体荣誉感。此外，组织全体会员为过生日的职工庆祝生日，让职工感受到集体的温暖。

三、积极改善办公条件，满足职工需求

工作环境对工作热情有较大的影响，因此健促会工会把改善工作条件、提高工作热情作为一项重要工作。通过改善硬件设施，如更换新的办公桌椅、购买空气净化器、发放办公文具等，改善办公条件，提高职工工作积极性。同时，加强调查研究工作，积极了解职工的思想情况及存在的困难和问题，认真研究解决方案。

浙江省卫生计生委机关工会“双争”活动展示

鉴于浙江省卫生厅与浙江省计划生育委员会合并组建为浙江省卫生和计划生育委员会（简称“浙江省卫生计生委”），机关人员重新调整组合等情况，在征求多方意见、反复酝酿的基础上，委机关工会于2015年8月4日上报了《关于调整委机关工会委员会组成人员的请示》。经委直机关党委、委工会工作委员会研究并报委领导审批，委机关工会委员会对组成人员作出了适当调整，由林杰、陈慧萍、胡海薇、宋学峰、鲍向军、罗华标、洪卓珍、祁桂亚、李鹏、王秀凤、陆海军11位同志担任工会委员，其中林杰任主席、陈慧萍任副主席（兼女职工委员会主任）。

委机关工会现有会员146人，自成立以来，积极发挥工会“桥梁纽带、帮助服务、参与促进、活跃凝聚”作用，以开展职工之家建设为重要平台和载体，力争将工会建设成为组织健全、维权到位、工作规范、作用明显、职工信赖的职工之家。

健步走活动

钓鱼比赛

划船比赛

一、紧扣中心工作，服务大局

委员会中心工作任务的圆满完成与每一位干部职工的努力密不可分。委机关工会作为党联系职工群众的桥梁和纽带，以认真履行浙江省卫生计生委职责为工会工作的基础，以提高干部职工履职能力为工会工作的出发点和立脚点，以服务职工、维护职工权益、开展文体活动等为抓手，切实把全体职工的思想和行动统一到委员会的工作部署中，努力开创工会工作新局面，为卫生计生中心工作的圆满完成和促进卫生计生转型发展提供了坚强保障。

二、建立健全组织，明确具体工作重点

委机关工会成立后，于2015年9月6日召开了委机关工会第一次会议。全体工会委员认真学习了全国总工会、浙江省总工会的相关文件及领导讲话精神，明确了工会工作职责、面临的形势及任务。会议对委机关工会组织人员进行了分工，设组织、宣传、财务、文体、调解及福利委员各1—2名，听取了职工对工会工作的需求及建议，商讨近期工作任务，明确本届工会以服务职工、维护职工合法权益为出发点，重点做好三方面服务：一是保障职工福利，在政策允许的范围内为职工争取福利的最大化；二是关爱职工生活，通过组织文体活动及开展走访慰问活动，丰富职工生活，体现组织关爱；三是充分收集广大干部职工对机关建设的意见建议，搭建职工沟通维权桥梁。会后，建立了委机关工会微信群、QQ群，进一步加强工作交流。

三、落实具体措施，发挥工会应有作用

2015年9月以来，委机关工会在委领导的关心和大力支持下，在全体工会委员的协同配合下，相关工作任务已得到了有效落实。一是明确了全体职工的福利发放。9月底，为每位在职职工及离退休人员发放了中秋蛋糕券，使每位职工享受节假日、生日福利，体会到"家"的温暖。二是积极组织工会会员参加文体活动。10月，组织委机关工会会员进行钓鱼比赛，选拔优胜者组团参加全省卫生计生系统钓鱼比赛，让职工放松身心、解除疲劳、增进交流。

下一步，委机关工会将认真贯彻落实委系统工会部署的各项工作，结合机关实际做好以下工作：一是健全制度，完善手续，尽快办理法人登记等组织手续，理顺财务管理；二是继续落实相关政策，维护职工合法权益，根据《关于加强浙江省职工疗休养管理工作的意见》精神及委工会的要求，争取委机关全体职工的疗休养政策尽早落地；三是挖掘潜力，活跃职工生活，充分利用单位现有资源，将单位图书室、健身房作为工会会员活动场所，同时计划每年组织1—2次文体活动，丰富职工业余生活，促进职工身心健康，增强组织活力；四是关心职工，开展慰问，争取在元旦前或春节前对生病或困难职工开展关爱活动，让职工感受组织温暖，并主动关爱每位干部职工，倾听职工的心声，采纳职工的合理化建议，激发职工的创造力和工作积极性。

第三部分
劳模先进主要事迹

浙江省卫生计生委系统劳模情况一览表

（浙江省卫计委劳动模范、先进生产者、先进工作者名单，截至2015年5月1日）

序号	单位	姓名	性别	授予时间及名称
1	浙江省人民医院	邹寿椿	男	1985年浙江省劳动模范
2	浙江省人民医院	倪美根	女	1997年全国五一劳动奖章
3	浙江省人民医院	徐思行	男	1979年全国劳动模范
4	浙江省人民医院	陆学先	男	1960年江西省文教系统社会主义建设先进工作者
5	浙江省人民医院	叶再元	男	2003年全国卫生系统先进工作者
6	浙江省人民医院	杨建民	男	2008年全国卫生系统先进工作者
7	浙江省人民医院	姜　蔚	女	2008年浙江省五一劳动奖章
8	浙江省人民医院	王菊吾	女	1985年浙江省劳动模范、浙江省卫生系统先进工作者
9	浙江医院	李津津	女	1988年全国模范护士
10	浙江医院	程德华	女	1982年浙江省劳动模范
11	浙江医院	周锦堂	男	1958年浙江省文教战线社会主义建设积极分子
12	浙江医院	严　静	男	2011年浙江省五一劳动奖章、2015年全国先进工作者
13	浙江医院	金宏义	男	1999年全国五一劳动奖章、全国卫生系统模范工作者
14	浙江省疾病预防控制中心	朱智勇	男	1985年浙江省劳动模范
15	浙江省疾病预防控制中心	莫世华	男	2004年浙江省劳动模范、2005年全国卫生系统先进工作者
16	浙江省疾病预防控制中心	刘立群	女	2008年全国五一劳动奖章
17	浙江省疾病预防控制中心	丛黎明	男	2009年浙江省劳动模范
18	浙江省医学科学院	陶海全	男	1995年全国卫生系统先进工作者
19	浙江省医学科学院	毛江森	男	1989年全国卫生系统先进工作者、浙江省劳动模范
20	浙江省医学科学院	何浙生	男	2003年全国卫生系统先进工作者
21	浙江省医学科学院	宣尧仙	女	2007年浙江省五一劳动奖章、2011年全国五一劳动奖章

序号	单位	姓名	性别	授予时间及名称
22	浙江省医学科学院	庄月明	女	1959年浙江省先进生产工作者
23	浙江省医学科学院	邵庆翔	女	2004年浙江省劳动模范
24	浙江省医学科学院	吴元耀	男	1956年浙江省先进生产工作者
25	浙江省医学科学院	石其贤	男	2000年全国卫生系统先进工作者
26	浙江省医学科学院	张　幸	男	2007年全国卫生系统先进工作者
27	浙江省立同德医院	张培祥	男	1995年全国卫生系统先进工作者
28	浙江省立同德医院	魏克民	男	2002年全国五一劳动奖章、浙江省劳动模范
29	浙江省立同德医院	吴章穆	男	2004年全国卫生系统先进工作者
30	浙江省立同德医院	陆传宝	女	2007年浙江省五一劳动奖章
31	浙江省立同德医院	张　春	男	2008年全国卫生系统先进工作者
32	浙江省立同德医院	柴可群	男	2009年浙江省劳动模范
33	浙江省立同德医院	马永春	男	2010年全国抗震救灾模范
34	浙江省肿瘤医院	刘丽华	女	1988年全国模范护士
35	浙江省肿瘤医院	余传定	男	2007年全国卫生系统先进工作者
36	浙江省肿瘤医院	毛伟敏	男	2010年浙江省五一劳动奖章
37	浙江省药械采购中心	尹　来	男	2001年江苏省劳动模范
38	浙江省医学科学院	吕杭军	男	2012年浙江省五一劳动奖章
39	浙江省立同德医院	金　心	男	2012年全国卫生系统先进工作者
40	浙江省肿瘤医院	张沂平	女	2012年全国卫生系统先进工作者
41	浙江省医学科学院	施培武	男	2012年全国卫生系统先进工作者
42	浙江省医学科学院	闻礼永	男	2012年全国卫生系统先进工作者
43	浙江省人民医院	徐晓霞	女	2012年浙江省五一劳动奖章
44	浙江省卫生和计划生育委员会	陶林森	男	2013年全国五一劳动奖章、浙江省劳动模范
45	浙江省疾病预防控制中心	卢亦愚	男	2014年浙江省劳动模范
46	浙江省人民医院	屈百鸣	男	2014年浙江省劳动模范
47	浙江省立同德医院	翁晓清	女	1973年黑龙江省劳动模范
48	浙江省皮肤病防治研究所	潘美儿	女	2015年浙江省五一劳动奖章
49	浙江省立同德医院	金素萍	女	2015年浙江省五一劳动奖章
50	浙江省肿瘤医院	周慧娟	女	2015年浙江省五一劳动奖章
51	浙江省计生宣传教育中心	王战标	男	2011年全国人口和计生教育系统先进工作者
52	浙江医院	俞志红	女	2016年浙江省五一劳动奖章

邹寿椿

（浙江省劳动模范）

邹寿椿，男，浙江省人民医院主任医师。1985年被评为浙江省劳动模范。

邹寿椿曾任浙江省人民医院党委书记兼副院长、浙江省外科学会副主任委员、浙江省抗癌专业委员会副主任委员、《中华胃肠外科》《肝胆胰外科》等5家专业杂志的编委。紧张的医疗业务加上繁忙的管理工作，使他每天的行程总是安排得满满的，门诊、病房、手术室、实验室、行政办公室，处处都留下他无数的心血和汗水。

20世纪80年代末的一天，在美国召开的一次国际性学术会议上，外国专家报道了腹腔镜技术。在一无资料、二无器械设备，甚至连空调也没有的情况下，邹寿椿开始了艰辛的探索，酷热的动物实验室里洒满了他和团队辛勤的汗水。1991年10月9日，他带领助手仅用了一个多小时的时间，就成功完成了浙江省首例腹腔镜胆囊摘除手术。之后的几年中，他在腔镜微创领域创造了浙江省数个首例。

为了患者的健康，邹寿椿将自己多年浇灌结出的科学结晶无私传授给后来者，多次举办全省、全国腹腔镜技术学习班，10多年来，已使近10万患者受益。

倪美根

（全国五一劳动奖章获得者）

倪美根，女，浙江省人民医院膳食科科长。1997年获全国五一劳动奖章。

自担任膳食科科长近20年来，倪美根始终起早贪黑、不辞辛劳，一心扑在工作上。有时为一个点心品种，她都要反复推敲，多方征求意见，最终把医院食堂的主食从早餐只有馒头、稀饭，中晚餐只有米饭的状态，发展到每天早餐品种达10余种，中晚餐主食除米饭外，增加了拉面、馄饨、饺子、花卷、各式糕点等20余种。丰富可口的菜式品种使食堂的就餐人数从原先的200多人，发展到朝晖院区平均每餐2000余人。在爱人患癌症的数年中，她在单位、肿瘤医院与家之间来回奔波，还要照顾上学的女儿，但仍把膳食科搞得有声有色。在凌晨的食堂里经常可以看到她忙碌的身影，而她最欣慰的就是看到职工们满意地挑选自己喜爱的菜式。

膳食科不但承担朝晖院区职工、家属、患者的就餐任务，还承担兄弟单位如同德医院、医高专、医学会、卫生厅、望江山院区等单位的膳食供应，而膳食科人员绝大多数为临时工，管理难度大。此外，膳食科的工作性质要求每天凌晨就得起床上班，劳动强度大，而临时工居住条件较差，酷暑时节容易睡眠不好影响工作状态。面对这些问题，倪美根用善良的心真诚地对待每一位临时工，千方百计地改善临时工的居住环境，为他们安装空调，并且制订临时工培训计划，要求每一位临时工学会一门手艺，提高他们的业务技能水平和工作满意度。职工们都亲切地叫她“倪阿姨”，还把食堂称为“美根大饭店”。

徐思行

（全国劳动模范）

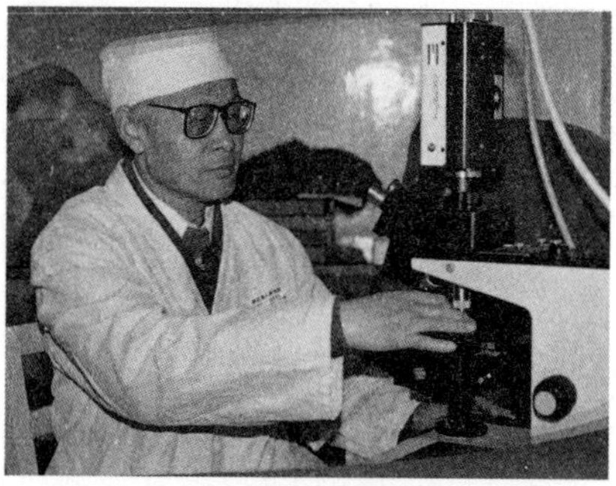

徐思行，男，浙江省人民医院病理科主任。1979年被评为全国劳动模范。

作为浙江省肿瘤病理研究的权威，徐思行对待工作始终谨慎负责、一丝不苟，对待同事和患者始终和蔼可亲。在长期接触临床病理标本的实践中，他对胃癌的早期诊断和恶性黑色素瘤诊断的研究获得了较好成果，先后在《中华医学杂志》上发表了《116例皮肤恶性黑色素瘤的形态观察》《芽瓣细胞在恶性黑色素瘤中的诊断价值》，以及用英文撰写的《145例皮肤恶性黑色素瘤的组织学研究》等论文，受到了国内医学界和美国、英国等20多个国家同行的重视，并纷纷发函邀请其前去讲学。

在平时的工作中，徐思行发现由于各地医疗条件和医生技术水平的限制，发生了很多误诊病例，给患者和家属造成了巨大的精神痛苦，因此他耗时两年，利用业余时间编写了一本普及性的教科书《简明肿瘤病理诊断与鉴别》，全书共35万字，并附有732幅插图，通俗地讲解了普通肿瘤和癌症的鉴别和诊断，为我国肿瘤病理事业作出了贡献。此外，他将去外单位讲课、会诊的经济报酬，以及《简明肿瘤病理诊断与鉴别》《甲状腺肿瘤病理及诊断》两本专著的稿费全部上缴组织，部分作为党费，部分用于科室购置图书资料，体现了一心为公、一心为患者的高尚品德。

陆学先
（江西省文教系统社会主义建设先进工作者）

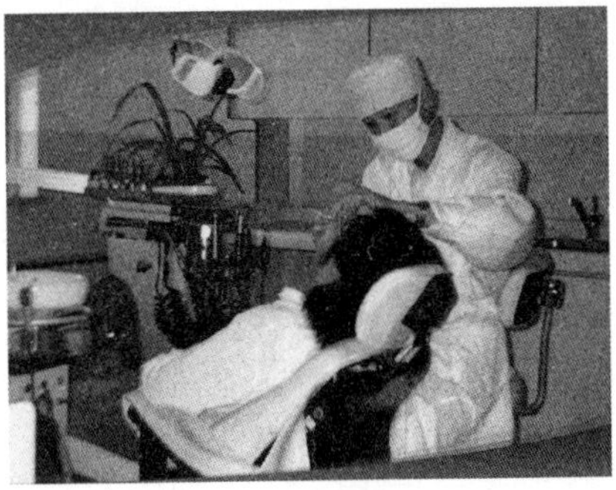

陆学先，男，原浙江省人民医院口腔科副主任医师。1960年被评为江西省文教系统社会主义建设先进工作者。

1957年10月，从上海第二医大口腔系本科毕业的陆学先，服从国家统一分配，到江西景德镇市第二人民医院工作，在工作上始终坚持一切行动听指挥，不怕苦、不怕累，全心全意为人民服务。一年后，他听从组织安排，负责创建了眼耳鼻喉科，之后又调去创建口腔科，并兼任景德镇市护士学校五官科教师。在景德镇市第二人民医院工作期间，他年年被医院评为单位先进工作者；1960年4月15日，被评为景德镇市文教系统群英会先进工作者；1960年5月，被评为江西省文教系统社会主义建设先进工作者。

陆学先在医疗过程中开展了各种具有创新性的口腔科手术，如牙齿再植和移植手术（包括自体牙和异体牙移植）；在局部麻醉的情况下，成功地为左上颌骨肿瘤已侵占眶下壁的患者做了左上颌骨全切除，并用肌肉悬吊术防止眼球下落；在只有一个锤子和凿子的极其简陋的医疗器械条件下，成功地为双侧颞颌关节骨性强直的患者完成了手术。在多年的行医过程中，他始终精益求精、不断创新，多次在全国性医疗杂志上发表文章。

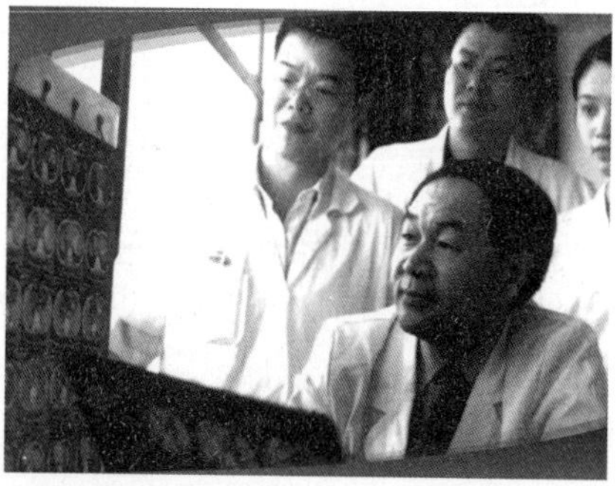

叶再元

（全国卫生系统先进工作者）

叶再元，男，浙江省人民医院院长、浙江省急救指挥中心常务副主任、外科学教授、博士生导师。曾被评为浙江省卫生系统优秀共产党员和优秀院长、2003年度全国卫生系统先进个人。

叶再元从事外科学临床、教学、科研工作30余年，具有丰富的临床经验和扎实的理论基础，解决了外科临床上的许多难题，挽救了大量危重患者的生命，培养了大批青年医学人才，尤其在消化道肿瘤治疗方面有较深的造诣，首先提出了消化道肿瘤的一体化治疗理念、胃肠道重建的新手术方式。先后承担了国家自然基金、卫生部及浙江省自然科学基金等20余项省部级科研课题，分别获浙江省政府科技进步二、三等奖各2项，其他浙江省级奖项多项。在国内外杂志上发表学术论文近60篇，并参加全国高等医学院校《外科学》《钱礼腹部外科学》的编著工作，担任《中国急救复苏与灾害医学杂志》副总编、《浙江医学》副主编等职。

作为一名医院管理者，叶再元团结党政领导班子成员，依靠全院职工，在履行社会责任、提高医疗质量、加强学科建设与人才培养、改善服务态度、加快硬件建设、提升管理水平、促进医院可持续发展等方面作出了不懈的努力，取得了良好的社会效益和经济效益。自他任现职7年来，医院的规模、业务量、重点学科及科研课题立项、获奖项目增加50%以上。2009年与2001年相比，核定床位增加910张，固定资产增加7.78亿元，业务收入增加7.94亿元，门急诊量、出院患者数、手术台次分别增长98.96%、161.18%、230.56%。

在医院持续发展的进程中，叶再元既重视医院的物质文明建设，又重视医院的精神文明建设；既有鲜明的改革思路，又有行之有效的改革措施。他勤奋踏实、开拓务实、严于律己、廉洁自律，默默无私地奉献自己，充分体现了一个共产党员的高尚品质与优秀的管理素质。

杨建民

（全国卫生系统先进工作者）

杨建民，男，浙江省人民医院消化科主任医师、教授。2005年被评为浙江省公共卫生应急工作先进个人，2007年、2008年两年被国家人事部、卫生部、中医药管理局评为全国卫生系统先进工作者。

1976年2月，杨建民入伍，之后在第三军医大学奋斗、奉献了29个春秋。2004年10月，他转业到浙江省人民医院担任消化内科主任，继续保持和发扬人民军队的光荣传统和优良作风，处处以身作则，事事严于律己，带领全科医护人员不懈努力，在学科建设、人才培养、临床医疗及科研教学等方面均取得了突出的成绩，使昔日落后的科室很快发展成为浙江省有重要影响的学科之一。2005年，消化内科首次被医院评为先进集体；2008年，消化内科下属的内镜中心被评为国家卫生部消化内镜诊疗技术培训基地。

此外，在杨建民的带领下，消化科的医疗业务指标成倍增长，患者满意度大幅提高。2008年，消化内科门诊人次、内镜诊疗人次及出院人次，较2003年分别增长320%、243%及180%。2009年，各项业务指标继续大幅增长，每天进行内镜检查的患者超过60人，从昔日的医生等患者发展到今日的患者必须提前预约。

姜　蔚

（浙江省五一劳动奖章获得者）

姜蔚，女，浙江省人民医院甲乳外科主任医师。曾先后获嘉兴市政府科技进步二等奖、嘉兴市卫生系统巾帼能手、浙江省直机关优秀共产党员、浙江省女职工建功立业标兵、浙江省大医精诚先进个人、2008年度浙江省五一劳动奖章、全国“三八”红旗手等荣誉。

“救死扶伤是我的天职，患者的需要是我的责任。”这是姜蔚的座右铭。从医40余年，她不怕苦、不怕累，不为名、不为利，视患者为亲人，抢救了无数危重患者，为了患者的顺利康复，哪怕是深夜、节假日，她都要亲自查房。“用心看病，细微观察”是她的一个特色，从医至今没有出过任何医疗差错。对一些晚期肝硬化、门脉高压大出血的患者，需持续12小时以上手术的晚期胰腺癌患者，甚至是其他医院不肯收治的患者，她勇挑重担，敢于碰硬，胆大心细，积极进行抢救，使之转危为安，得到了同行的赞誉和患者的信任。

此外，姜蔚勇于探索，敢于创新，积极开展小儿外科疑难手术，填补嘉兴市小儿外科空白，荣获市科技进步二等奖；在浙江省率先开展疝无张力修补术、乳腺癌保乳根治术，积极开展甲状腺微创手术，带领团队为医院甲状腺、乳腺专科建设作出显著的成绩；积极投身于前沿的基础课题研究，撰写发表学术论文数十篇，如《青少年甲状腺癌发病机理研究》《乳腺癌前哨淋巴结微转移的规律研究》等，为科技兴院作出了不懈的努力。如今她已是60岁开外的人了，但作为一名医疗组组长，她仍几十年如一日地悉心耕耘在外科园地上，带领团队奋战在外科临床第一线。

王菊吾

（浙江省劳动模范）

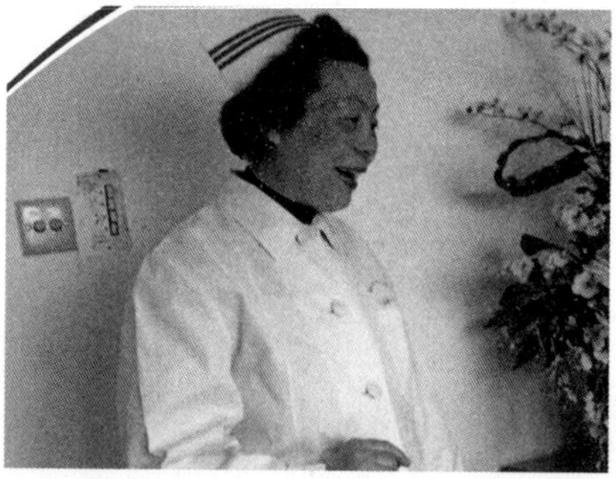

王菊吾，女，原浙江省人民医院护士长、护理部主任兼护校校长、副院长，浙江省护理学会理事长。曾被评为浙江省优秀护士、浙江省卫生系统先进工作者、党的十三大代表、1985年度浙江省劳动模范。

在半个多世纪的护理生涯中，王菊吾始终以南丁格尔的精神激励自己，全身心地投入到护理事业中，把自己的爱心融入护理行为，使患者早日康复是她最大的幸福。1994年，她对我国传统的护理观念提出了大胆的创新，全面提倡以人为中心、以现代护理理论为指导、以护理程序为核心的整体护理理念，极大地提高了护士的综合素质，明显改善了医患关系，为整体化护理在国内医院系统的推行起到了示范作用。

2001年，王菊吾主持完成的《术前备皮方法的研究》获中华护理学会第五届全国护理科技进步二等奖，这也是浙江省荣获的首个中华护理学会二等奖。2005年，她主持完成的《住院患者对护士人性关怀的需求和对策研究》是我国最早开展人性化护理模式的研究，获中华护理学会第七届全国护理科技进步二等奖。此外，为使全省6万余名护理人员有自己的学术交流平台，她呕心沥血地创建了浙江省唯一的护理专业期刊《临床护理杂志》，并亲自担任主编，还结合临床实践主编了《护理技术基本操作手册》《临床实用护理计划手册》《护理关怀行为指南》《护理与康复》等10余本书，为浙江省护理事业的发展作出了突出贡献。

李津津
（全国模范护士）

李津津，女，浙江医院主任护师。1988年被评为全国模范护士。

李津津从事护理工作45年来，始终热爱护理事业，不但在工作中以身作则，不怕苦、不怕脏、不怕累，常常加班加点，放弃无数的休假日，还积极带领全院护士刻苦学习业务，提高护理技能和护理服务质量。由于医院担负着国家和省级领导的保健工作，她除了管理好护理部事宜，还主动参与领导的特护，第一时间接触病患，力争把危重患者的护理做精做细，并耐心传授自己制定的护理程序、护理重点注意事项与特护工作职责，培养了一批特护人员，使医院的护理工作得到各级领导和院内外医学和护理专家的一致好评，她也因此被评为浙江省先进保健工作者。

李津津本着患者至上的思想，工作耐心细心，每次巡视病房，都亲切询问患者的饮食起居、情绪变化，从细微处观察患者，解决患者的各种问题和需求，得到了患者的一致好评。同时，她热爱集体，团结同志，注重护理团队的建设和凝聚力。无论谁有工作、家庭上的烦心事，只要她知道就会主动帮忙、替班。在工作中，她会耐心指出护士的缺点、错误，并积极帮助改正，赢得了大家的尊敬与好评。

如今，年过花甲的李津津仍以饱满的工作精神，和年轻人一起探讨护理管理和学术问题，并承担了护理教学任务，指导护理科研论文的撰写。在担任浙江医学高等专科学校兼职教授期间，她的授课内容与艺术得到了同行的认可，授课效果得到了学校师生一致的高评价。

程德华

（浙江省劳动模范）

程德华，女，浙江医院护士长。先后九次被评为先进工作者或优秀党员，1979年、1981年两次被评为浙江省卫生厅直属系统先进工作者，1982年5月被评为浙江省优秀护士，1982年9月被评为浙江省劳动模范。

程德华自参加工作以来，因工作需要多次调动，先做教师，再改做护士，之后又做了12年的麻醉师。1978年年底，调入浙江医院后，组织上要她重新归队做外科护士和护士长，她不计较个人得失，坚决服从组织分配，并在工作中干一行爱一行，待患者胜亲人，在平凡的工作中作出了不平凡的成绩。

在护理岗位上，程德华尽心、尽职、尽责，以自己的辛勤劳动精心护理患者，千方百计减轻患者的痛苦。有一位红军老干部身患晚期癌症，她以无限同情之心和其他护士一起为其一日数次地擦浴、按摩、翻身和处理大小便，还每天为其从肠造瘘的造瘘管中灌入食物达10多次。这样繁重的护理工作持续了4个多月，有人看到她这样辛苦，便建议“生活上的事让家属去干吧”，但她认为自己作为一个人民护士，就要尽到护士的责任，这使患者的亲友十分感动，含着眼泪深情地说：“你们这样护理老陈同志，充分体现了对患者的关怀胜过了亲人。”

在工作中，程德华刻苦钻研，虚心学习，力求技术上精益求精。1980年5月，她从护理部调入心血管病房担任护士长，为了迅速掌握心血管病房的护理工作特点，她起早贪黑地读书学习，请医生辅导，拜能者为师，很快就掌握了心血管患者的常见症状和抢救治疗方法。1980年冬的一个夜晚，一位日本外宾突发气急、紫绀、烦躁不安等症状，担任总值班的她立即判断患者出现了急性心衰，于是迅速报告医生，并与另一名护士密切配合医生抢救，几乎奋战了一夜，终于使患者转危为安。日本外宾在出院之前，多次紧握着医务人员的手，感动得泪流满面，并表示他要“一生为日中人民友好贡献出自己的一切”。

由于程德华懂得麻醉知识和操作技术，有时医院夜间进行急诊手术需要她帮忙顶班时，她总是随叫随到，几年来她参加的急诊麻醉有16次之多。她还根据理论推导出青霉素溶解过长易引起过敏反应，于是把原来由后夜班负责溶解的青霉素注射液改为现用现化，减少了过敏反应，受到了医师护士和患者的赞扬。此外，她处处注意以身作则，吃苦在前，真诚相待，乐于助人。1981年7月，一位脑溢血患者做了气管切开术，需要每天冲洗和更换内套管，一位护士不了解内套管的使用方法和注意事项，于是她耐心地边做边讲，热情传授知识。她对新分配来的青年护士更是注意传帮带，经常了解关怀他们的思想、工作和生活，耐心启发，帮助解决问题，因此大家都亲热地称她为“老师”“知心朋友”。

周锦堂

（浙江省文教战线社会主义建设积极分子）

周锦堂，男，原浙江医院口腔科医师、舟山医院口腔科主任医师。1956年被评为中央直属机关社会主义建设积极分子，1958年被评为浙江省文教战线社会主义建设积极分子。

周锦堂于20世纪50年代初参加工作，后被选派到北京口腔医院学习，期间系统地学习了口腔专业，技术水平有了明显的提高。1951年2月，他被分配到中直机关中南海门诊部，以踏实肯干的工作作风、精湛的医术、高尚的医德医风，以及对患者和蔼可亲的服务态度，受到当地群众的一致好评。1958年年初，组织上为了解决周锦堂夫妻长期两地生活的状况，将他调至浙江工作。本来应该安排他在杭州，但浙江省卫生厅人事处的领导找他谈话："舟山海岛急需口腔医务人员，那边虽然交通不便、条件差，但你可以干几年后再调动。"他当时有些犹豫，但考虑到自己是一名党员，个人利益应当服从国家利益，应该到最艰苦、最需要的地方接受锻炼和考验，于是二话不说轻装上阵，毅然踏上了奔赴舟山定海的路程。

20世纪50年代后期，我国还处在贫困、落后的状态，舟山定海的生活环境更加艰苦，而且医疗设备不全，要开展正常的口腔工作困难重重。然而，周锦堂牢记党的教导和医务工作者的责任，决心努力学习，勤奋工作，全心全意为贫困落后、缺医少药的海岛群众服务，在工作中提倡精打细算的节约精神，处处以身作则，勇挑重担，不怕苦、不怕累，根据实际条件克服困难，节约口腔修复工作的原材料，起到了"领头雁"的作用。他不仅做好本职工作，还积极地响应党的各项号召。比如，在开展爱国卫生“除四害”活动中，自己动手制作灭蚊、蝇器具；多次主动报名到定海城北参加修建水库劳动；在鱼汛期间下海岛、赴渔区为广大人民群众服务。

岁月流逝，周锦堂在浙江医院整整工作生活了30年。1991年他光荣退休，由于工作需要，退休后又留任了4年，为培养年轻一代的专业技术人员起到了传帮带的作用。如今，他虽然年过八旬，但仍然珍惜荣誉，谦虚谨慎，为党、为人民继续做力所能及的公益事业。

严 静

（全国先进工作者、
浙江省五一劳动奖章获得者）

严静，男，浙江医院院长、主任医师、博士生导师。曾被评为全国优秀医院院长、中国优秀医师、最具领导力的中国医院院长之卓越贡献奖、浙江省突出贡献中青年专家、浙江省杰出青年岗位能手、浙江省五一劳动奖章、浙江省优秀医师，浙江省“新世纪151人才工程”第二层次培养人才、浙江省卫生科技教育管理先进工作者、浙江省直机关优秀共产党员，2011年享受政府特殊津贴，2014年获得中国（浙江）全面小康十大特别贡献人物奖，2015年被评为全国先进工作者，目前被推荐为浙江省特级专家候选人。

严静从事心血管与重症医学临床诊治、科研和教学以及干部保健工作30余年，在平凡的医疗和管理岗位上潜心钻研、无私奉献，时刻“以患者为中心”，践行医院“臻德精术”的核心价值观。

作为一名专家型的医院管理者，严静在学术上不断进取，兼任中华医学会重症医学分会常委、中国医师协会老年医学医师分会常委、卫生部ICU考试专家委员会副主任、华东地区急重症医学协作组副主任委员、国家临床重点专科带头人。近年来，他主持或参加重大专项、国家“863”项目、“十二五”攻关项目、国家自然基金、浙江省自然基金重点科研项目10余项，其中省部级课题5项，先后获得浙江省科技进步奖3项、浙江省医药卫生科技创新奖8项。此外，发表各级学术论文50余篇，其中SCI论文13篇；出版专业书籍15本，其中主编书籍2部，参编10余部。

作为院长，严静带领医院不断改革创新，加强医院学科与品牌建设，创新医疗理念，探索医疗模式，构建医患情谊，提升医院管理水平，完善人才梯队建设，不仅确立了浙江医院老年病、危重病等诊治领域在全省乃至全国的领先地位，同时提升了职工的幸福指数。

“有了奉献才有生命的价值，有了创造才能铸就青春的事业。”这是严静一直坚持的至理名言，而他也凭着对医疗事业不懈的追求，在平凡的岗位上体现着自己的人生价值。

金宏义

（全国五一劳动奖章获得者）

金宏义，男，原浙江医院副院长、院长、名誉院长，浙医二院心内科主任，浙江省心脑血管病防治研究中心主任，浙江省老年医学研究所所长，浙江省医学会常务理事，浙江省医学会心血管分会和老年医学分会主任委员，全国心脏康复医学会常务理事，《心脑血管病防治》总编。享受国务院特殊津贴，曾获全国五一劳动奖章、全国民族团结进步模范奖章、中央保健局特殊贡献奖，被评为全国优秀院长、全国卫生系统模范工作者、浙江省劳动模范、浙江省省级优秀共产党员、浙江省卫生系统行风建设先进个人、浙江省白求恩式医务工作者。

作为一名心血管病学知名专家，金宏义始终奋战在医疗临床第一线，以博爱的胸怀温暖着每一位患者的心，以精湛的医术挽救了无数生命。他努力践行自己提出的医疗标准，即“五心”（精心、耐心、细心、专心、恒心）原则，并刻苦钻研、锲而不舍，认真研读大量医学专业著作和期刊，掌握国内外学术发展动向；勇于实践、大胆创新，练就了一身娴熟的业务技术本领。在工作中，他牢记全心全意为人民服务的宗旨，对技术精益求精，对患者极度热忱，无论是白天黑夜，还是严冬酷暑，无论是双休日节假日，还是班前班后，他都随叫随到，日程表上从没有“休息”二字。在长期担任医院领导的同时，他也为浙江省医学学科事业的发展尽心尽力，用“孺子牛”的精神淋漓尽致地演绎好每一个角色。

奉献干部保健。在接触老干部的过程中，金宏义感到了自己责任的重大。

因为这些老干部都是为革命事业和国家建设作出过巨大贡献的功臣，他们历经了沧桑，理应得到最好的治疗和服务，于是他立志要把自己的后半生全心全意地投入到干部保健工作中，并要求自己牢记三句话：从小事做起、从我做起、持之以恒，而他最终也自豪地说："在浙江医院工作的26年中，我实现了自己的诺言。"

致力医院管理。金宏义曾经长期担任医院的院长，培养建立一支政治素质好、诊疗水平高、有奉献精神的学科队伍，是他最大的心愿。在开展好医院管理工作的同时，他积极培养年轻一代，以自己的行为来影响他们。如今他的许多学生已成为浙江省各个医疗单位或学术组织的带头人，大多数在浙江医院各个重要岗位上的医务人员也都得到过他的精心培养。他诲人不倦地把自己宝贵的实践经验和精湛的医疗技术，无私地传授给年轻一代医务人员，精湛的医术让他们受用一生，高尚的医德医风更是令他们永铭心坎。

心系学科发展。金宏义曾担任浙江省医学会心血管病学分会和老年医学分会主任委员，在开展学术活动、推进国际交流、培养青年人才方面作出了重要贡献。由他主持的老年病、心脑血管病防治研究硕果累累，由他领衔的老年医学学科被确定为浙江省重点学科。此外，他还先后承担了国际合作项目2项、国家"八五""九五""十五"攻关课题及"十一五"支撑课题7项、省级科研项目2项，获得国家科技进步二等奖1项、卫生部医学科技进步奖一等奖1项、浙江省医药卫生创新奖8项、浙江省科技成果奖5项。

推进疾病防治。金宏义曾担任浙江省心脑血管病防治研究中心主任，在省卫生厅领导的支持下，组织建立了全省11个地市心脑血管病防治网络，积极推进心脑病防治工作。由他组织开展的流行病学调查防治干预点，为高血压等常见病进行规范化、信息化等方面的科研工作积累了许多一线数据，获得了10多项省部级科学技术进步奖及医学创新奖，得到了卫生部的好评，并被作为心脑血管病防治工作的全国样板加以推广。此外，他还活跃在科普工作一线，坚持定期深入基层开展义诊咨询和科普讲座，用深入浅出的讲解将疾病防治知识普及给社会大众，造福更多更广的人民群众。

朱智勇

（浙江省劳动模范）

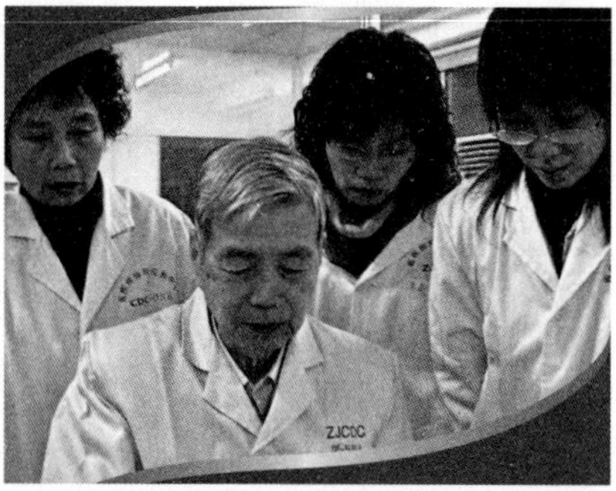

朱智勇，男，浙江省疾病预防控制中心主任医师，曾任第九届、第十届全国政协委员，浙江省人大代表。多次被评为全国卫生系统模范工作者，1985年被评为浙江省劳动模范，1991年享受国务院政府特殊津贴，1996年获浙江省科技重大贡献个人一等奖，2001年被评为全国优秀科技工作者。

朱智勇自1962年从上海第一医学院流行病学研究生毕业后，一直为卫生防病工作奋斗至今，从未停止过与细菌、病毒的“斗争”，坚韧不拔地在科学的道路上勇攀高峰。

20世纪70年代中期，朱智勇投入到流行性出血热的研究中。在10多年的研究过程中，他先后在分离病毒、寻找敏感动物、建立动物模型和各种实验诊断方法等领域获得了重大突破，创造性地解决了制造疫苗的毒种、基质细胞、灭活剂等关键性技术难题。经过不懈的努力，他终于在1994年将研制成功的出血热疫苗科研成果转化为生产力，并形成了规模化生产，从而探索出一条科研成果产业化的道路。

近年来，浙江省疾病预防控制中心（简称“疾控中心”）相继研究成功的出血热I型、II型、双价和双价纯化疫苗均已取得国家新药证书和生产文号，成为我国研制并生产出血热疫苗品种最全、产量最多的单位。到2006年年底，疾控中心已生产、销售各种剂型疫苗2500余万人份，在全国20多个省市推广使用，市场占有率高达70%左右，疫苗现场保护率达到90%以上，为控制出血热提供了安全、经济和有效的科学手段，保障了千千万万人的健康和安全。

朱智勇辉煌的成就背后是充满挑战的艰辛探索。为了分离到出血热病毒，他亲自奔赴疫区现场捕捉老鼠，在疫区不知度过了多少个日日夜夜；为了早日研制成功出血热疫苗，他常常不分白天黑夜、废寝忘食地工作；为了尽可能保障其他同志的安全，他独自承担了最易引发实验感染的工作。只要有人求教于他，他总会耐心地讲解，基层防疫部门的同志请他校正资料，他就在完成工作任务后、夜深人静时细心批阅。在实验室缺人的时候，他动员家人来实验室洗刷试管、瓶子，喂养实验动物；遇到实验室停电，他就叫儿子利用自备的发电机发电；当刚研制出来的疫苗需要进行人体观察时，他和他的家人就成为第一批接种者……

一分耕耘，一分收获。朱智勇在霍乱、狂犬病、流行性脑脊髓膜炎、流行性出血热等重点传染病的流行病学、微生物学、免疫学诊断研究等方面都有突出的成就，尤其是在流行性出血热的病原学及其疫苗的研究上取得了丰硕的成果。他主持研究的流行性出血热灭活疫苗先后获得国家科技进步奖一等奖和三等奖各1项，省部级科技进步一等奖3项及三等奖4项。然而，在众多的荣誉面前，他从没有半点沾沾自喜之情，一直主张创新是科技发展的原动力。

如今，朱智勇虽已年过七十，但仍肩负着疫苗生产过程中的难题攻克和实验室科研项目的攻关任务，所负责的“人流感——人用禽流感联合疫苗的研究”课题，被列入浙江省重大科技专项。为进一步推动疾控中心的科学技术发展，他一如既往地无私奉献着。

莫世华

（全国卫生系统先进工作者、
浙江省劳动模范）

莫世华，男，浙江省疾病预防控制中心传染病流行病学现场防治工作专家。2002年享受国务院政府特殊津贴，2004年被评为浙江省劳动模范、浙江省卫生系统先进工作者，2005年被评为全国卫生系统先进工作者，2008年被评为感动中心人物，2009年获中心首届科技大会科技成就奖。

1962年，莫世华从学校毕业后就踏上了卫生防疫工作岗位，在40多年的工作生涯中，始终把疾病流行现场当作战场，冲锋在防治工作第一线。他开展了霍乱地理流行病学研究，为有效控制霍乱地理流行提供了依据；成功研发了白喉类毒素皮内小剂量快速免疫方法，为迅速控制白喉流行起到重要作用；成功预报了浙江省1978年、1986年两次不同强度的流行性脑脊髓膜流行，并建立了浙江省流脑流行预测与菌苗免疫决策方案；1978年年底，在国内首次报告发现由生食（泥蚶）贝类所引起的甲型肝炎暴发流行，为此后的预防和控制甲肝流行提供了科学依据；2003年为防范“非典”的传播，应用“早期症状监测”的方法率先提出“非典可疑患者”监测定义和监控措施，为及早发现“非典”患者和防止疫情扩散起到重要作用。

早在21世纪初，莫世华就以流行病学专家的敏锐眼光，思索着“如何应对重大危险的传染病暴发流行”这一战略性的公共卫生问题。2002年6月，他在主动调研分析的基础上，向领导提交了《浙江省重大疫情、中毒、生物化学恐怖事件应急控制体系建设大纲》，为突发性公共卫生事件的应急处理提供了较为系统的、具有可行性和可操作性的建议，编制了《突发重大疫情和生化恐怖事件现场应急处置方案》，强调了应急响应与物资装备，突出了现场调查控制的技术处置要求，并加大了培训力度。

作为一名共产党员，莫世华要求自己多担一些责任，多做一些工作，发挥好表率带头作用。在关键时刻，为了及时完成对感染患者的调查，他将个人危险置之度外；为摸索小剂量皮内快速免疫法，他先后多次在自己身上做实验；为了调查某山村的猝死聚集性事件，他毅然藏起癌症指标阳性报告单，带领调查组跋山涉水前往十分偏僻的现场。在这40多年中，他参加过许多重大疫情现场防治和突发公共卫生事件调查处置及救灾防病工作，并都出色地完成了任务，履行了一名疾病预防控制人员的责任。

莫世华爱岗敬业、无私奉献，在长期的卫生防病工作中，为浙江省疾病预防控制事业的发展作出了重要贡献，在疾病预防控制领域赢得了广泛赞誉。面对这些成绩和荣誉，他总是十分谦虚，认为作为疾病预防控制机构的现场流行病学医生，首先要有的就是一颗为人民服务的心。虽然他于2004年从疾控中心领导岗位上退了下来，但直至今天，他依然和疾控中心领导、职工一起，不断开拓进取，为人民的健康继续作出贡献。

刘立群

（全国五一劳动奖章获得者）

刘立群，女，浙江省疾病预防控制中心调研员，曾任浙江省疾病预防控制中心党委书记、中心副主任、主任医师，浙江省卫生监督所党总支书记、副所长。2008年获全国五一劳动奖章。

刘立群以满腔的热情和高度的责任感，在疾病预防、卫生监督、心理卫生和党务管理等岗位上作出了卓有成效的工作，为浙江省公共卫生事业和疾病预防控制工作作出了较大贡献。特别是“5·12”汶川大地震期间，她用娴熟的心理危机应急干预技术谱写了一曲曲抗震救灾心理干预的赞歌，获得了全国五一劳动奖章。

刘立群从事医疗卫生工作数十年，具有强烈的事业心和敬业奉献精神。“5·12”汶川大地震发生后的第5天，她作为浙江省心理救援队的心理危机应急干预专家和领队，带领全省卫生系统第二批队伍赶赴四川平武县南坝镇重灾区，开展救援和心理咨询工作，为恢复灾区人民的身心健康作出了重大贡献。

在一线灾区，刘立群克服种种困难，不畏艰险，冲锋在前，每天以方便面和干粮充饥，夜以继日地为灾民服务。恶劣而艰苦的工作环境，不断的余震、山体塌方和泥石流，没能阻止她工作的步伐，反而让她将个人的安危置之度外。夜晚，她在帐篷里和衣而眠，遇上暴雨就只能守着湿漉漉的被褥坐待天明，第二天仍以饱满的工作热情开展心理干预、心理疏导和健康教育等工作，为抚慰灾民的心灵创伤而忙碌奔波。

针对参加救援的部队官兵目睹太多悲痛和惨象，积累了巨大心理压力的实际情况，刘立群主动深入部队，通过科学的沟通方法对救援官兵进行心理疏导。在短短半个月的时间里，她和队友们对灾民和救援官兵进行重点心理干预610人次，一般干预1694人次，心理宣教7431人次，同时为救援官兵编制了心理疏导宣传教材，取得了明显的心理治疗效果。

作为心理救援队的唯一女性，刘立群克服了比男同志更多的困难。由于灾区条件非常艰苦，她得了严重的虫咬性皮炎，腿上伤口红肿疼痛，每个都有硬币大小，还出现了水泡溃烂，但她对此轻描淡写，没皱一次眉，坚持与队友们同吃同住、并肩战斗，圆满地完成了医疗卫生救援任务。在南坝镇严峻的灾情面前，她不但不叫苦，还用自己的坚强和乐观感染着身边的队员。在简易的帐篷前，她拿着饼干就着矿泉水充饥，坚强地微笑着；在塌方的山体前，她和队员们仍继续赶赴下一个地点，为灾民及救援官兵做心理疏导。她的脸庞憔悴而清瘦，却始终保持着旺盛的斗志。

作为党总支书记、副所长的刘立群，还在汶川地震后的第一时间，组织全省卫生监督系统开展了献爱心活动，积极带头无私捐款。即使身处抗震救灾一线，仍专门委托同事代她缴纳“特殊党费”，将卫生厅奖励的优秀党务工作者奖金1000元捐给青川小学，并向平武县南坝小学捐款500元。

丛黎明

（浙江省劳动模范）

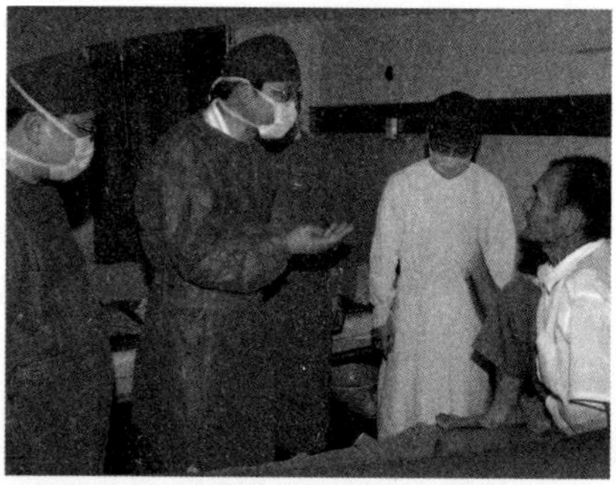

丛黎明，男，浙江省疾病预防控制中心主任医师。2009年被评为浙江省劳动模范、首届感动浙江卫生十大人物。

“疾控人肩上扛着的是人民的健康，这份沉甸甸的责任永远不能懈怠。”这是丛黎明的心声，也是其30多年的工作写照。执着务实、勤奋敬业是他的特质，勇挑重担、无私奉献是他的性格，创新变革、科学发展是他的理念。他在工作中展现了自己的干劲和能力，在奋斗中享受快乐，在挑战中奋勇前进，在追求中锤炼升华，把自己的全部身心和精力都投入到浙江省疾病预防控制事业，以不懈的追求诠释人生的价值。

丛黎明是一位出色的公共卫生管理专家，自1994年起担任浙江省卫生防疫站站长、浙江省疾病预防控制中心主任以来，运用现代管理理念，深入研究疾病预防控制工作的形势，主动承担繁重的疾病预防控制工作任务，紧紧抓住能力建设和规范化建设两大重点，实施全面质量管理，不断完善综合目标、岗位和项目管理措施，带领全省各级疾控中心走出了一条抓管理、强队伍、促能力的疾病预防控制新路子。在他的带领下，疾控中心综合实力再上新台阶，先后获得全国文明单位、国家科技进步一等奖等荣誉，工作能力和业务水平居全国前列。

丛黎明还是一位作风严谨的疾病预防控制专家，始终坚持疾控工作扎根于现场、来源于现场，汶川大地震后，多次请缨要求前往灾区一线参加抗震救灾工作。同时，注重全省业务人员现场处置能力的培养和提升。2003年以来，连续举办面向全省基层的现场流行病学培训班，打造出一支招之能来、来之能战的全省疾控应急队伍。此外，他还以“科学研究应该为疾控工作服务”为原则，在疾病预防控制工作基础上开展有针对性的科学研究。他承担的《浙江伤害流行病学研究》填补了全省空白，主持的《食源性疾病监测体系与监控技术的研究》《浙江省SARS流行病学与监测控制技术研究》等多项研究项目先后获得国家和浙江省科技进步二等奖等12项科技成果奖，切实解决了一批疾病防治工作关键技术问题。

从黎明更是一位乐于工作、不知疲倦的人，几十年如一日地将全部的心血都抛洒在疾控事业上。哪里有疫情，哪里就有他的身影。他总是冲在一线镇定自若地指挥现场调查、落实检查措施、指导基层救灾防病和疫情处置。同时，他十分重视对青年人才的培养，积极扶植和激励青年科技工作者，带领年轻的疾控人奋斗在全省疾病预防控制事业的浪潮里，为控制疾病、实现人民健康的宏伟目标不懈努力。

陶海全

（全国卫生系统先进工作者）

陶海全，男，浙江省医学科学院研究员。1978年、1987年及1990年3次被评为浙江省医学科学院先进工作者，1985年被评为浙江省防治血吸虫病先进工作者，1991年、1993年两次被评为全国血吸虫病防治先进个人，1992年享受国务院特殊津贴，1995年被评为全国卫生系统先进工作者，1996年获浙江省消灭血吸虫病先进个人特别奖。

1965年，陶海全从华东师范大学生物学系动物生态学专业研究生毕业后，被分配到浙江省医学科学院寄生虫病研究所工作。1982—2006年被聘任为浙江省血吸虫病研究委员会委员、预防组（流行病学组）组长（5届），1987—1999年被聘任为卫生部血吸虫病专家咨询委员会委员（1—3届），1988—1999年被聘任为浙江预防医学会医学寄生虫学专业委员会委员，1999年退休被返聘至今，先后被聘任为《血防科研资料》杂志、《浙江血防科研资料》杂志、《浙江寄生虫病》杂志、《浙江预防医学与疾病监测》杂志和《中国血吸虫病防治杂志》编委。除了1979—1981年在西藏医学院任人体寄生虫学教师外，他一直从事钉螺生物学及查灭方法、血吸虫病流行病学及防治对策的研究，取得了一定的成绩。

20世纪70年代，陶海全主持了《山区灭螺方法的研究》，研究成果获1978年全国医药卫生科学大会集体奖。20世纪70年代至80年代，参加了贝螺杀（氯硝柳胺乙醇胺盐）和烟酰苯胺杀灭钉螺的研究，研究成果达到国内先进水平。20世纪80年代，主持了《山丘地区土层钉螺分布研究》，为消灭残存钉螺提供了理论依据。1983—1987年，主持了《短期内阻断日本血吸虫病流行防治对策及流行病学研究》，研究成果获1990年度浙江省医学科学技术进步一等奖。1986—1990年，参加了国家“七五”攻关课题《基本消灭和消灭血吸虫病地区监测方案的研究》，研究成果获1990年度卫生部科学技术进步二等奖。

此外，陶海全共发表学术论文89篇，其中第一作者论文48篇；参与编写《血吸虫病防治手册》（第三版）、《浙江省血吸虫病防治史》部分章节；为卫生部、浙江省血防（地防）办做好防治血吸虫病技术咨询；参与起草全国血吸虫病监测方案、浙江省查灭螺及查治病技术方案、流动人口血吸虫病监测方案、血吸虫病突发疫情应急处理预案、血吸虫病防治工作检查标准等；结合现场科研开展血防技术指导；为全国及省、市、县80期血吸虫病防治技术培训班4600多名学员讲授钉螺生物学及查灭方法，钉螺解剖，血吸虫病流行病学，血吸虫病预防、监测、应急处理技术措施，血吸虫病粪便检查技术，人体肠道蠕虫形态及医学科研设计与论文撰写等。

毛江森

（全国卫生系统先进工作者、
浙江省劳动模范）

毛江森，男，浙江省医学科学院名誉院长、病毒病研究所所长、研究员，浙江省普康生物技术股份有限公司董事长，中国科学院院士。曾被评为1989年度全国卫生系统先进工作者、浙江省劳动模范。

毛江森从事病毒学研究与疾病控制50余年，对脊髓灰质炎、甲型肝炎、SARS等病毒病的控制有重大贡献，对病毒的信息转录、热稳定性、干扰素的产生等基础理论亦有重要的贡献。1951—1957年，他就读于国立上海医学院、上海第一医学院医学系；1963—1964年，到北京师范大学物理化学专业进修；1964—1965年，到中国医学科学院基础医学研究所生化系进修；1983—1984年，成为美国国立卫生研究院访问学者、美国杜克（Duke）大学访问学者、美国贝勒（Baylor）医学院访问学者。

在脊髓灰质炎、甲型肝炎、SARS等病毒病的控制方面，毛江森作出了重要贡献。20世纪60年代前后，他主要负责国产脊髓灰质炎活疫苗的免疫学效果研究，发现疫苗病毒在小儿肠道内有良好的繁殖，证明了疫苗病毒有良好的抗体反应，为国产活疫苗的生产与使用提供了科学依据。自1978年开始，他组织领导科研人员对甲型肝炎（简称“甲肝”）流行进行了长期、大规模的研究，分离出甲型肝炎病毒（HAV），体外细胞培养获、适应于二倍体细胞获得成功，培养出减毒株，发现猕猴对HAV易感、甲肝有隐性感染存在，为病毒分离、疫苗安全性检查、甲肝预防对策的制定提供了科学依据。1992年，他研制出的甲肝减毒活疫苗获卫生部批准，进行了批量生产和大规模使用，至今已有

1.3亿余人使用该疫苗。在2003年的SARS流行中，他对SARS病原和病原生物学性质进行了准确的预测和评估，详细和全面地提出了防治办法，并发表了控制SARS的长文，对控制SARS起到了有益作用。

在病毒的信息转录、热稳定性、干扰素的产生等基础理论方面，毛江森也作出了重要贡献。1960年，他发现氘化的细胞培养出的脊髓灰质炎病毒的耐温性明显增加，并指出病毒结构中的氢被氘置换后，可能会改变病毒的生物特性。近几年来，他又发明了检测病毒等生物大分子氘含量的方法。1960—1964年，他对干扰素进行了较全面的研究，发现乙型脑炎病毒——鸡胚细胞是干扰素的良好产生系统，发现了许多影响高滴度干扰素的因素，开创了我国对干扰素的研究。1962年前后，他与中国医学科学院基础医学研究所的何申同志合作，建立了中国人自己的传化细胞（MERN细胞株），传代使用至今。1964年，他著文论述了病毒信息的转录问题，指出“遗传信息有可能逆转录”，突破了遗传信息的“中心法则”。

何浙生

（全国卫生系统先进工作者）

何浙生，男，浙江省医学科学院研究员。曾5次被评为浙江省政协信息工作积极分子，多次被评为浙江省九三学社先进干部和个人，先后被评为浙江省有突出贡献中青年科技工作者、浙江科普先进工作者、全国科普先进工作者和2003年度全国卫生系统先进工作者等，并享受国务院特殊津贴和浙江省劳模待遇。

何浙生于1952年8月参加工作，1964年8月毕业于浙江医科大学医疗专修科。曾任浙江省医学科学院微生物和生物工程研究所副所长、细菌室主任、所学术委员会副主任、院学术委员，中华医学会微生物与免疫学会委员，中华预防医学会卫生检验学会常委，九三学社浙江省委第四届、第五届委员，院九三学社主委，浙江省第七届、第八届政协委员和第九届政协特邀信息员。

作为医学细菌学专家和硕士生导师，何浙生已从事传染病防治科研工作40余年，在传染病防治领域作出了突出贡献。他在副溶血性弧菌的致病性、血清分型及其流行频度研究上取得了优异成果，为防止海产品细菌食物中毒提供了病原学和流行病依据，获得了1985年度浙江省科技进步三等奖。在霍乱弧菌病原学研究方面，他关于霍乱弧菌十分易变的研究发现被评为1989年度浙江省科技进步二等奖，此后他指导研究生和课题组成员进一步研究霍乱弧菌在人胆汁中体外存活的最长期限和体内外O1群小川型转变为稻叶型的可能性等，该课题成果达到了国内领先、国际先进水平，获得了2002年度浙江省医药卫生科技创新一等奖和2003年度浙江省科学技术奖二等奖。在细菌L型的研究和推广应用上，他指导并组织省内外科研协作，建立了一套适于基层应用的BgL型检测技术方法，并得到了广泛的推广应用，被评为1997年度浙江省科技进步二等奖。

何浙生热心科普，在科普工作中成绩突出，被浙江省科协评为优秀讲师、浙江省科普先进工作者。同时，他还撰写了大量结合当时疾病防治的科普文章，已发表的达200余篇，参编出版科普书籍5本，被浙江省科普作家协会评为浙江省科普优秀作家、浙江省科普工作积极分子，并被中宣部、科技部和中国科协联合评为1999年度全国科普先进工作者。此外，他努力钻研业务，热心培养人才，先后组织或参与编写《现代医学细菌学》等专业参考书11本，发表论文50余篇。“认真负责、尽心尽力”，已成为他办事处世的作风和座右铭。

宣尧仙

（全国五一劳动奖章获得者、
浙江省五一劳动奖章获得者）

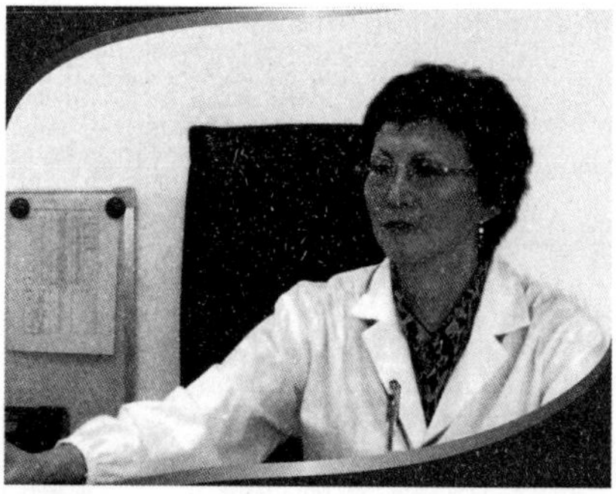

宣尧仙，女，浙江省医学科学院国家新药安全评价研究重点实验室主任、研究员、国家GLP专家组专家、中国药理学会毒理专业委员会委员、中国毒理学会生殖毒理专业委员会委员、浙江省药理学会理事、浙江省药理学会药理毒理专业委员会副主任委员、《毒理学》杂志编委、《中华中西医结合》杂志编委。1999年被评为浙江省“庆祖国50华诞选50代表人”活动代表，2001年被评为“九五”国家重点科技攻关计划先进个人，2004年被评为中国杰出创业人才，2007年获浙江省五一劳动奖章，2011年获全国五一劳动奖章。

宣尧仙从事药物药理毒理研究近30年，主持和作为主要技术骨干参加完成了“口服预防日本血吸虫病药物的研究”“筹建国家新药安全评价研究重点实验室”“临床前安全评价关键技术平台研究”“中医药疗效及安全性基本问题研究”“碘化油栓塞术安全性研究”等“八五”“九五”“863”国家重大攻关科研项目，获得了“八五”“九五”国家重大攻关成果3项、浙江省科技进步二等奖1项、浙江省医药科技进步一等奖1项和浙江省医药创新三等奖1项。同时，在国家级专业期刊和国家级大型理论文献上发表了实用价值较高的专业研究论文60余篇。目前，她承担着浙江省重大攻关项目“浙江省新药创制技术服务平台的建设”“病毒性载体生物基因药物临床前安全评价方法和技术标准的研究”“现代中药安全性评价新方法的建立”等多项科研项目。

宣尧仙主持完成的“九五”国家重点攻关项目“1035”工程之一——“筹建国家新药安全评价研究重点实验室”，取得了显著的成绩。经过多年的艰苦努力，她把一个一无所有的实验室建设成为国家认可、在国内有一定影响力的新药临床前安全评价研究机构，年创收多达上千万元，并培养了一支素质高、操作熟、团结、年轻的科技队伍，建立了独特规范的管理制度40余种、标准操作规程300余份，主持完成了178种新药和500多批医疗产品共计3000多项安全评价研究工作，为规范和保证我国新药临床前安全评价研究技术水平和研究质量，以及保证人们用药的安全有效作出了很大的贡献。

庄月明

（浙江省先进生产工作者）

庄月明，女，原浙江省医学科学院院办、科办主任，桐庐县人民医院副院长，浙江省蜂花粉研究中心主任，中佳花粉有限公司总经理。1959年被评为浙江省先进生产工作者。

思想作风好，政治觉悟高。庄月明热爱党，热爱祖国，朝气蓬勃，积极上进，多年来始终感恩党和人民对自己的培养和教育，在平凡的工作岗位上满怀激情地默默奉献着。

敬业爱岗，服务患者。“救死扶伤，治病救人”是庄月明的工作宗旨。基层卫生单位的条件差、困难多，她经常一个人去农村出诊，有时要翻山越岭、跋山涉水，但她从不叫苦叫累。缺乏临床经验，她就努力向书本学、向同事学、向实践学，不断积累经验。她对待患者和蔼可亲，笑脸相迎，视患者如亲人，痛患者之所痛，认真仔细诊疗，做到尽心、尽力、尽责。遇到疑难杂症，及时请有经验的大夫指导、会诊、协作；遇到重病患者，立即送往上级医院，从未延误病情。多年来，她吃苦耐劳、脚踏实地、兢兢业业，经常加班和代班，得到了患者、同事、领导的一致赞誉。

识大体，顾大局，为国家分担困难。庄月明家境贫困，为报答母亲的养育之恩，1956年工作后，她就将母亲接到身边，并将母亲的户口从农村转入城镇。1959年国家困难期间，政府动员和号召一些城镇户口迁往农村，不少人不愿意配合，而她认为自己是共产党员，应该为国家分担困难，于是毫不犹豫地带头将母亲的户口迁回老家。她的榜样行为感动了其他同志，得到了很多人的响应，减少了动员工作的难度，减轻了国家的负担，受到领导的高度表扬。三年自然灾害时期，粮食奇缺，很多患者双脚浮肿，她主动从自己的口粮定量里拿出大半粮票救济患者，自己却经常吃萝卜、青菜、米糠。由于营养不良，加之工作劳累，还患上了肝肿大、肝功异常，不得不接受治疗。

邵庆翔
（浙江省劳动模范）

邵庆翔，女，浙江省医学科学院研究员、院计划生育研究所国家药品临床试验机构的负责人之一。1993年10月享受国务院特殊津贴，1997年被评为浙江省有突出贡献的中青年科技人员，2001年被国家药品监督管理局聘任为药品审评专家库专家，并连续获得“六五”“七五”“八五”国家计生委表彰，2004年被评为浙江省劳动模范。

“工作精益求精，科研成绩突出，为人谦和，不计名利”，是浙江省医学科学院领导和同事对邵庆翔的评价。从20世纪60年代参加工作以来，她长期从事药代谢动力学研究工作，科研成果丰厚，先后获得国家计生委科技进步三等奖1项，国家计生委科技进步二等奖2项，国家科技进步二等奖1项，以及“九五”国家重点科技攻关计划重大科技成果1项。在国内率先按照国际GCP规范实施药物多中心随机临床试验的设计与数据管理，为我国长效避孕药和抗早孕药物的发展作出了重要贡献，获得了WHO与国内专家的一致好评，使3家制药企业的产品在总体设计、试验管理和质量保证三个方面均达到国内领先水平，被中华医学会推荐为III期临床试验的样板。她还负责完成了荷兰欧加农药厂的产品——单根埋植剂Implanon在中国临床试验的数据管理和统计分析，该产品于2000年在国外上市。

作为国家药品临床试验机构的负责人之一，邵庆翔是浙江省医学科学院不可多得的学科领头羊。她淡泊名利，勤学博学，及时追踪、学习、掌握本学科的新方法、新手段，注重学科发展和新人培养，使实验室的研究水平处于同行领先水平，所在学科在同行中享有很高的知名度和影响力。她承担完成了多项科研项目，按有关规定可以从科研经费中拿到较高比例的提成，但她没有这样做，而是拿出经费为实验室添置了几百万元的仪器设备。为了学科的持续发展，她积极培养年轻科技工作者，从经费、经验、机会上为年轻人创造条件，现任实验室主任就是在不断的实践锻炼中成长起来的年轻栋梁。此外，她为人谦和，从不自满于所获得的荣誉，并且待人真诚，乐善好施，自己生活非常简朴，对困难职工和灾区捐助却能慷慨解囊。

吴元耀

（浙江省先进生产工作者）

吴元耀，男，浙江省医学科学院副研究员。1956年被评为浙江省先进生产工作者，1958年被评为杭州市建设社会主义积极分子。

20世纪50年代初，是国内外需要大量咖啡因的时期。咖啡因是A.P.C、安钠咖等药物的原料药，当时国内只能从茶末中提取，原料来源有限，而且进行低含量（3%）提取分离所需要的浓缩设备贵、劳动强度大，完全不能满足国内需要。为了扩大咖啡因的原料来源，吴元耀查阅大量国外资料，认为Guanine（鸟粪素）的结构与咖啡因近似，只要找到Guanine的来源，再经过化学处理，就有望生成咖啡因。

有一次，吴元耀偶然在报纸上看到某单位可供应少量鱼光鳞，而“鱼光鳞”正是Guanine的音译。他及时查阅国外资料后发现，鱼光鳞的主要成分是Guanine大分子结构，只要经过化学或生物处理极有可能取得Guanine。鱼光鳞其实就是鱼皮表面层的闪光物，而带鱼的闪光物含量最高。当时国内大量捕捞带鱼，而把鱼鳞作为废物弃之，于是他从浙江舟山鱼粉厂购买带鱼鱼鳞，利用业余时间不断地做实验。经过半年的刻苦钻研，他终于从鱼鳞中提取出了半合成咖啡因，并获得了有关部门的确认，投入工业生产中。

1956年，该项目被评为浙江省唯一的新产品一等奖，同年吴元耀被评为浙江省先进生产工作者，晋升为工程师，受到省市领导的接见和鼓励，《人民日报》也进行了相关报道，苏联科学院还派人来杭州进行交流。

石其贤

（全国卫生系统先进工作者）

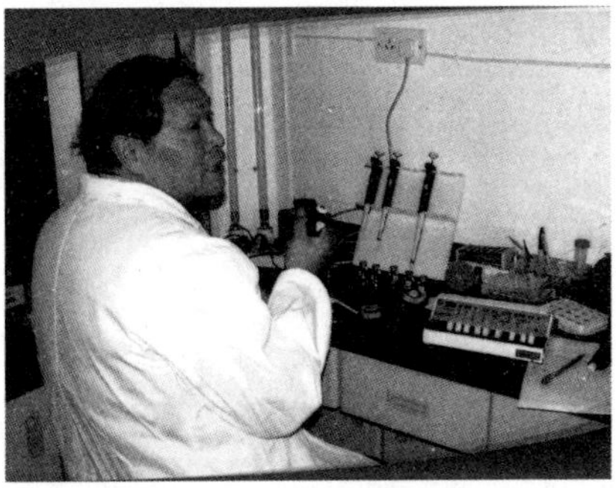

石其贤，男，浙江省医学科学院研究员、中国生殖生物学会理事、国家自然科学基金学科组评委，《生殖医学》《生殖与避孕》《国外医学·计划生育分册》、*Development and Reproduetive Biology*杂志编委、美国生殖研究学会（SSR）特邀会员。1992年享受国务院特殊津贴，1996年被评为国家计划生育委员会先进工作者，2000年被评为全国卫生系统先进工作者。

石其贤从事生殖生物学研究30多年，发表了创新性论文40余篇，其中SCI源刊收录26篇，其中8篇被国内外同行引用341次，获得了较高的学术评价。自20世纪60年代以来，他先后参加了国产女用甾体口服避孕药的研究，为临床减量用药提供了实验依据，为控制我国人口过快增长发挥了积极作用。20世纪70年代，他参与了我国男性避孕药棉酚大协作研究，与中科院上海药物所唐希灿等人阐明了该药在小鼠、猴、犬体内的代谢过程，并发现该药影响部分大鼠及人类性功能和生育力不可逆等问题。20世纪80年代，在美国洛氏基金会的资助下，他赴美国加州大学继续从事棉酚研究，期间发现棉酚还可干扰豚鼠精子附睾成熟及其精子获能，从而导致生育力下降。回国后，他在浙江省卫生厅、洛氏基金会及国家自然科学基金委员会的资助下，发表了数十篇有创新性的论文。

20世纪90年代，石其贤提出了孕酮（P）可促进精子获能和顶体反应，从而提高受精率的研究结论，还指出了GABA是精子获能、顶体反应和受精的激活剂，并在*BiolReprod*、*J Cell Physiol*、*FEBS letters*和《中国科学》杂志上发表了相关论文。由于GABA也是常规的中枢神经系统的抑制性递质，阐明它的生理作用，不仅对生殖生物学和神经生物学的发展具有推动作用，而且对诊断和治疗某些男性不育症具有重大的指导意义。1999年，国内7位同行专家鉴定后认为，“该成果处于本领域国际前沿，在学术上具有创新性，总体水平达到国际先进，某些重要研究处于国际领先水平，为生殖健康研究提供新思路和开拓应用前景”。

张　幸

（全国卫生系统先进工作者）

张幸，男，1996年任浙江省医学科学院卫生学研究所所长，1997年任浙江省医学科学院副院长，2001年至今任浙江省医学科学院院长，2005年任日本井冈县立大学客座教授。享受国务院特殊津贴，曾被评为卫生部有突出贡献中青年专家、2007年度全国卫生系统先进工作者。

1983年，张幸毕业于上海第一医学院，1985—1987年在上海医科大学环境医学攻读硕士研究生，1987年到日本福井县预防医学协会进修，1991—1996年在日本福井医科大学攻读博士研究生。1996年4月，他取得医学博士学位后回国服务，一直致力于劳动卫生与职业病防治研究工作，2000年建立了“劳动卫生学与环境卫生学”硕士学位授予点，2004年领衔建设“劳动卫生学”省级医学重点学科，开展了“尘肺病早期诊断”“严重职业危害因素的关键性控制技术研究”及“有害化学物生物阈限值研究”等项目研究，并担任中华预防医学会第四届理事会理事、全国标准委员会委员、国家职业病诊断与鉴定技术指导委员会委员、中华预防医学会劳动卫生与职业病分会委员会副主任委员、中华预防医学会劳动卫生与职业病分会职业性肺部疾病学组主任委员、中国职业安全健康协会职业卫生专业委员会第四届委员会副主任委员、浙江省预防医学会第四届理事会理事、浙江省预防医学会劳动卫生与职业病专业委员会主任委员。此外，他发表了科研学术论文70余篇，其中第一作者42篇，并积极参加国内外学术会议，交流科研工作和学习体会。

多年来，张幸主要承担的科研项目有国家“十五”攻关课题分题《CT和高分辨CT（HRCT）对尘肺病早期诊断的研究》、卫生部项目《职业卫生检测与健康监护技术研究与应用》、国家人事部项目《空气中微粒污染物对大鼠肺脏抗氧化酶表达影响的研究》、国家科技部社会公益研究专项《胶黏剂职业病危害分析与控制技术研究》、卫生部优秀青年科技人才专项科研基金项目《CT诊断尘肺病的研究》、浙江省医药卫生重点项目《接触二甲基甲酰胺所致健康效应及其预防对策》、浙江省科技厅重大攻关项目《浙江省中小企业主要职业危害分析与关键控制技术的研究》等，其中《浙江省尘肺流行病学调查研究》获浙江省医学科学技术进步二等奖，《全国尘肺流行病学调查研究》获卫生部科学进步一等奖，《浙江省农村手纺石棉女工石棉致癌等职业危害及预防措施调查研究》获浙江省医学科学技术进步二等奖、浙江省科技进步优秀奖，《萤石矿工尘肺预防控制与消除的研究》获浙江省科学技术一等奖，《二甲基甲酰胺所致健康效应及其预防对策》获浙江省医药卫生科技创新一等奖、浙江省科学技术二等奖，《农业杀虫剂环境残留及对人体健康影响评价》获浙江省医药卫生科技创新一等奖、浙江省科学技术二等奖，“十五”攻关课题《尘肺高危人群健康监护、诊断技术和危害控制技术研究》获中华医学科技三等奖。

张培祥

（全国卫生系统先进工作者）

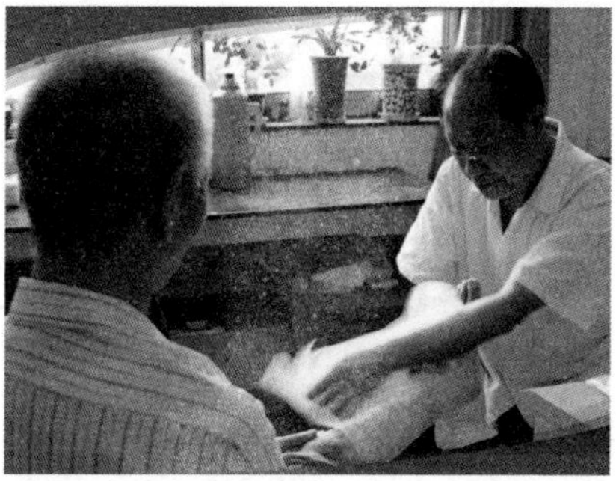

张培祥，男，浙江省立同德医院主任中医师、浙江省中医研究院研究员、浙江省中医药学会骨伤科学会委员、浙江省老卫生科技工作者协会理事。1995年被卫生部、人事部、国家中医药管理局评为全国卫生系统先进工作者，2001年被浙江省政府评为浙江省名中医。

张培祥出生于中医世家，从曾祖父开始四代从事中医药骨伤疾病的诊治，在浙江省内享有较高的声誉。由于受家庭的熏陶，他自幼喜医学，1960年在叔叔张绍富（浙江省名中医）的精心辅导下学习医书，刻苦钻研，常利用寒暑假到医院抄方、贴膏药、包扎伤口，后在富阳东图医院富阳常安卫生院工作。1979年，他参加了全国中医人才选拔招贤考试，被浙江省中医研究院录取后，一直在立同德医院从事骨伤临床工作，运用祖传的骨伤技术治疗骨折、脱位、软组织损伤，使富阳张氏骨伤经验得以发扬光大。他提出了以独特的接骨复位手法、独特的外固定材料（杉树皮）来局部固定治疗骨折的一整套治疗方法，同时主张医患合作，早期功能锻炼与整复筋骨并重，整体与局部相结合，取得了较为显著的康复效果。

张培祥长期工作在临床一线，经常加班加点，任劳任怨，忘我劳动，从不计较个人得失，全心全意为患者服务，每年门诊高达万余人次。同时，重视教学与科研工作，共带教28人，发表论文29篇，其中《摇摆撞击整复肱骨小头骨折》和《稀莶狗脊仙灵脾汤治疗外伤性截瘫》（与张绍富合作）被评为优秀论文，后者还被上海科技出版社收录于《当代中医验方精选》一书。此外，他还承担了国家中医药管理局中医药适宜技术研究项目“杉树皮外固定治疗伸直型桡骨下端骨折”，最终该项目成果中医特色鲜明，疗效显著，获得了浙江省中医药科技创新二等奖、浙江省科学技术进步三等奖，被列为国家“十五”攻关计划，向农村社区作示范研究推广。

魏克民

（全国五一劳动奖章获得者、
浙江省劳动模范）

魏克民，男，浙江省立同德医院研究员、中西医结合主任医师，浙江省特级专家，国家级名中医，浙江省第八届、第九届政协委员。享受国务院政府特殊津贴，曾获2002年度全国五一劳动奖章、中国中西医结合学会贡献奖、中华中医药学会学术传承特别贡献奖，被评为全国卫生系统先进工作者、浙江省劳动模范、浙江省中医药先进工作者、浙江省卫生厅系统优秀党员。

1959年，魏克民毕业于哈尔滨医科大学，1964年结业于成都中医学院西学中班，后任浙江省中医药研究院中药新药研发重点实验室主任、中药化学三级实验室主任、中药资源学重点学科主任、蚕业资源药用开发中心主任。

魏克民从事中西医结合临床、科研和教育工作50余年来，领衔主持国家级、省部级科研项目32项，其中国家级重大科研项目5项，在血液病、肿瘤防治和营养卫生、新药研制开发方面有较深造诣，并自成特色，尤其是对蚕副产品在中医药领域综合利用方面作出了特殊贡献，在国内外均处于领先地位。

吴章穆

（全国卫生系统先进工作者）

吴章穆，男，浙江省立同德医院泌尿外科主任医师、教授。曾任浙江省立同德医院院长、党委书记，历任浙江省诸暨市人民医院医生、科主任、副院长、院长，诸暨市卫生局副局长，诸暨市人大常委，兼任中华中医药学会医院管理分会委员、中国中西医结合学会理事、浙江省中西医结合学会会长、浙江省性学会副会长、浙江省医学会常务理事、浙江省医师协会常务理事、浙江省医院管理学会常务理事、浙江省精神病医院管理分会主委、浙江省医疗事故鉴定委员会委员、《浙江中医杂志》《养生月刊》杂志主编、《浙江临床医学杂志》《浙江医学》杂志编委等。享受国务院特殊津贴，先后被评为市级先进工作者、全国优秀医院院长、2004年度全国卫生系统先进工作者。

吴章穆从事临床、医院管理30余年，技术精湛，经验丰富，尤其在普外科及泌尿外科领域具有较深造诣，曾主持完成多项医学科研课题，多项成果获得省、市级科技进步奖，发表论文近20篇。在长期的管理实践中，他潜心研究卫生经济和医院管理学，创建并成功应用医院程序化科学管理体系，主持完成了《医院管理体系研究》课题，获得了浙江省医学科技进步二等奖，《人民日报》对此作了专门介绍。

吴章穆在担任浙江省立同德医院院长期间，团结带领院党政领导班子，与全院职工一起锐意进取、艰苦奋斗，推动医院各项业务快速增长：坚持“以患者为中心，以医疗质量为核心”的办院方针，强化医德医风建设和职业道德教育，认真开展“服务创品牌，满意在同德”的“创优”工程，设立了180门诊服务中心、166后勤服务中心、96120急救中心，24小时为广大患者提供高效、便捷、优质的服务；努力构建和谐的医患关系，所倡导的“多听患者说几句多给患者讲几句”成为2005年《浙江文明素质工程》的篇首语。

这些举措使立同德医院的社会知名度和患者满意度不断提高，社会、经济两个效益成效显著，被评为省级三级甲等中西医结合医院，跻身省级大医院行列，并先后被评为全国卫生系统先进集体、全国医院文化建设先进单位、全国模范职工之家、全国厂务公开民主管理先进单位、浙江省文明中医院、浙江省卫生系统思想政治工作先进单位、杭州市绿化先进单位、杭州市爱国卫生先进单位、杭州市无偿献血先进单位、浙江省女职工先进单位、浙江省机关先进职工之家、西湖区文明单位（连续两届）、2005年度杭州市文明单位、2006年度浙江省文明单位。

陆传宝

（浙江省五一劳动奖章获得者）

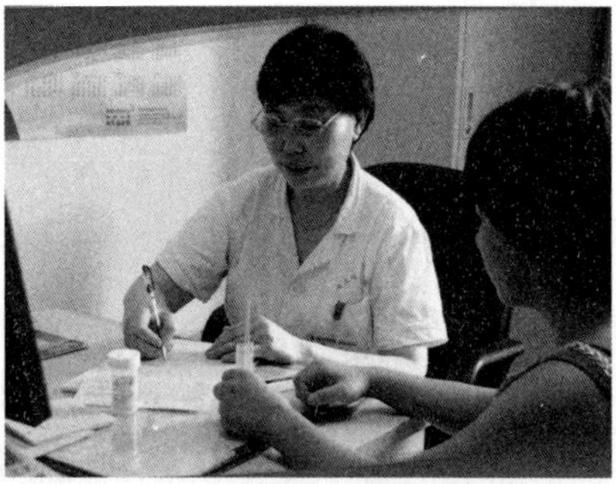

陆传宝，女，浙江省立同德医院妇产科主任、主任医师，浙江省妇产科学会委员、浙江省中西医结合第一届生殖医学专业委员会委员、浙江省性病学会委员。多次被评为浙江省卫生厅系统先进工作者、先进共产党员，2007年荣获浙江省五一劳动奖章。

陆传宝毕业于浙江医科大学，从事妇产科专业30多年，创立了浙江省立同德医院妇产科，并担任主任。她自觉以共产党员标准严格要求自己，发挥先锋模范作用，敬业爱岗，服务患者，工作突出，事迹感人，以良好的职业道德和医德医风赢得了全院职工和患者的好评。

高尚的职业道德。救死扶伤是社会主义国家医药卫生工作者职业道德的基本原则，陆传宝深深明白这一点。在她的心目中，患者的需要就是无声的命令。多少次，医院的一个电话，患者的一声呼唤，她便出现在患者的身边。她认为，对不少患者来说，心理治疗比药物治疗更重要。她常常告诫同事："对患者，绝对不能居高临下。"她始终勤勤恳恳为工作奉献，失去了很多和家人享受天伦之乐的机会，甚至失去了看最疼爱她的老父亲最后一眼的机会。作为一名高年资医师、老科室主任，她不为名利、无怨无悔地奋斗在第一线，把荣誉让给大家，把困难留给自己，多年来从未拿过患者的红包，始终在平凡的工作岗位上无私奉献着，她的高尚思想、作风和品德受到全院职工的一致好评。

精湛的医术。陆传宝认为，医生不仅要有崇高的医德医风，还要有精湛的医疗技术。尽管已经是一名高年资的主任医师，但她并没有因此放松自己的学习，总是反复研究疑难疾病，为患者带来新的希望。多年来，她诊治了不下千例的疑难病例，并在各级专业杂志上发表论文30多篇。无论是门诊患者还是住院患者，无论是大手术还是小手术，她都精心诊治、一丝不苟，从未发生过一起医疗事故和医疗纠纷。她不仅自己对医学技术精益求精，而且非常注重培养新生力量，她的学习精神感染了妇产科全体人员，在她的带动下，妇产科全体人员努力学习新知识、新技术，形成了良好的学习氛围。

30多年来，陆传宝就是这样辛勤地工作在自己热爱的妇产科事业上，心里只装着工作和患者。她说的最多的一句话是："我热爱我的本职工作！"这话虽然朴实，但确实是一位老医务工作者发自内心的告白。

张 春

（全国卫生系统先进工作者）

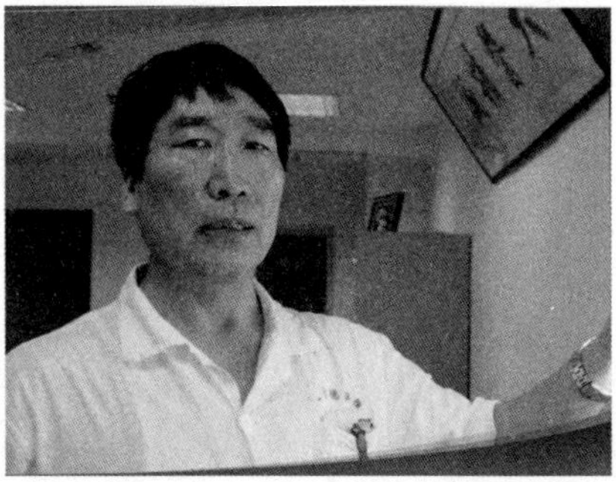

张春，男，浙江省立同德医院骨伤科主任、主任医师，中华医学会显微外科分会常务委员，浙江省医学会显微外科分会主任委员，浙江省中西医结合学会骨科分会副主任委员，浙江省医学会骨科分会委员。享受国务院特殊津贴，曾被评为浙江省优秀科技工作者、2008年度全国卫生系统先进工作者、浙江省显微外科学科带头人。

1973年，张春毕业于浙江医科大学医疗系，他认真学习邓小平理论和“三个代表”重要思想，坚持党的基本理论和基本路线，拥护建设和谐社会，有坚定的政治立场和良好的政治素质，遵纪守法，全心全意为患者的健康服务。从医40多年来，他勤勤恳恳地在显微外科的临床第一线工作，刻苦学习，勤于钻研，开拓创新，在显微外科领域取得了突出的成就，先后发表论文30余篇，完成科研成果9项，并先后参与编写了3部较有影响的显微外科著作，既带动了立同德医院显微外科学科的蓬勃发展，也带动了全省显微外科学科的发展。他经常到全省各地讲学、会诊、手术，推动各地、市、县医院的学术发展，为广大患者带来了健康。“只要有一线希望，我就会付出百分之百的努力！”作为一名医生，他始终把这句话记在心上。

张春为人正直，医德高尚，医术精湛，在省内同行和患者当中有很高的知名度。经过几十年坚持不懈的努力和训练，他练就了一双在显微镜下缝合细小血管的巧手，使很多患者重新拥有了健全的身体。在40多年的临床工作中，他先后开展了各类高难度的显微外科手术，尤其是在各种皮瓣移植、复杂性骨髓炎的治疗、拇指再造方面有很深的造诣：1989年“股前外侧皮瓣修复足踝部严重软组织缺损及其解剖学应用研究”获浙江省科技进步三等奖，“胸背动脉为蒂肩胛骨移植的临床应用与解剖学研究”获解放军总后勤部科技进步三等奖，2001年“骨前外侧皮瓣移植及其皮血管的临床观察与研究”获浙江省科技进步二等奖，2008年“远端蒂腓肠神经营养血管肌皮瓣的临床应用”获浙江省医药卫生科技创新一等奖。

如今，张春已年过半百，仍奋战在临床第一线，为下级医师授课，带领下级医师查房，指导他们进行各类手术。遇有危重患者抢救、疑难手术等情况，他仍身先士卒亲临一线，为患者进行手术及各种治疗。他是浙江省立同德医院的骄傲，其良好的政治素质，高尚的思想品德，精湛的医疗技术，刻苦钻研、开拓创新、爱岗敬业、乐于奉献的精神，成为全体医务人员学习的榜样。

柴可群
（浙江省劳动模范）

柴可群，男，浙江省立同德医院院长、浙江省中西医结合学会副会长、浙江省中医药学会常务理事、浙江省康复学会常务理事、浙江省中西医结合学会肿瘤专业委员会副主任委员、浙江省抗癌协会中医专业委员会副主任委员、浙江省残疾人康复协会副会长。曾被评为2009年度浙江省劳动模范，浙江省直机关优秀党务工作者，浙江省卫生系统优秀共产党员、优秀党务工作者，浙江省卫生系统思想政治工作先进个人，浙江省卫生系统抗震救灾先进个人。

柴可群长期从事中医及中西医结合防治肿瘤的临床与科研工作，在肿瘤手术、化放疗后各种病症的研究方面取得了较好的成绩，尤其对肺癌、胃癌、肝癌、肠癌、乳腺肿瘤、宫颈癌等病症的治疗取得了较好的疗效，积累了丰富的临床经验，其严谨的科学态度、务实的工作作风、精湛的医疗技术、高尚的医德医风，不但为广大患者所称道，而且在同行中享有较高的声誉。

柴可群先后在省级以上刊物上发表《化痰祛瘀解毒法在肺癌治疗中的运用探讨》《扶正法免疫调节抗肿瘤的机理探讨》《益气养阴解毒法在癌症治疗中的运用》《毒与癌症发病关系探讨》《扶正法在治疗肿瘤中的运用》等学术论文30余篇；主持了浙江省自然基金课题《益胃饮对人胃癌细胞和小鼠前胃癌术后转移瘤生长及VEGF、CD44V6表达的影响》，主持并参与了《中药"抑肺饮"对肺腺癌细胞A549裸鼠移植瘤的抑制作用及机理的实验研究》《生物效应调节剂——贞芪八珍汤对肿瘤免疫状态影响的实验研究》《中药蚕蛹复合氨基酸的研制》《生宝养生液的研制和应用研究》等多项厅级、省级课题，获得浙江省科技进步三等奖、国家中医药管理局科技进步三等奖、浙江省中医药科技进步三等奖等荣誉。

作为医院的主要负责人，柴可群在医院管理上始终坚持正确的办院方向，突出医院的公益性质，强化公立医院的社会责任，把护卫人民群众的健康作为医疗服务的宗旨，在服务群众中体现了对党、对祖国、对人民忠贞不渝的赤子情怀和对卫生事业的无比忠诚。在祖国和人民最需要的危难时刻，他总是敢于负责，勇挑重担，视人民的健康利益高于一切。“5・12”汶川地震发生后，他受浙江省卫生厅党组指派，担任援川第11批医疗队总领队，千里驰援地震重灾区之一的四川省平武县，开展了卓有成效的工作，得到了当地政府的高度评价。多年来，在地震、台风、持续冰雪天气等突发事件发生之时，他始终以履行社会责任、保障人民健康为己任，率先垂范，认真履职，在艰险的环境中锤炼党性。

马永春

（全国抗震救灾模范）

马永春，男，浙江省立同德医院心身科主治医师、中国教科文卫体工会全国委员会委员。2010年8月被评为全国抗震救灾模范，比照为全国劳动模范。

马永春严格遵守党的纪律，时刻听从党的召唤，2008年和2010年先后两次主动请缨，参加了汶川大地震抗震救灾、青海玉树震后首批心理应急干预医疗队。2008年，他和医疗队心理专家一起，冒着余震和堰塞湖垮塌的危险，在抗震救灾一线走村串户，对受灾人员进行心理疏导，因表现出色，被批准在抗震救灾前线入党。2010年8月，中共中央、国务院和中央军委在青海西宁举行青海玉树全国抗震救灾总结表彰大会，他被光荣地评为全国抗震救灾模范。

在临床工作中，马永春以党员标准严格要求自己，注重发挥党员的先锋模范作用，求真务实，勇于奉献，刻苦钻研本职业务，热心为患者服务，视患者为亲人，不断提升服务能力和水平，在平凡的工作中作出不平凡的业绩，展现了良好的职业道德修养，深得同事、患者及家属的信任和好评。有位16岁的抑郁症患者反复自杀入院，他仍不厌其烦地对患者进行心理开导；有位患者爬到楼顶要跳楼自杀，他得知后放弃中午休息时间，立即赶到现场，劝导患者放弃轻生，并协助家人安排患者住院治疗；有位独自生活的退休工人因焦虑症住院，对治疗信心不足，情绪急躁，他坚持悉心治疗，并在门诊随访，使患者逐渐信任医生，治疗效果明显。患者对他感激不尽，并写信到医院表扬他，他却说：“这是一个医生应该做的事。”

在卫生系统开展的创先争优活动中，马永春作为年轻医生的代表，充分发挥党员先锋模范作用，争做“五带头”优秀共产党员，牢记党的宗旨，不断坚定理想信念，以自己的模范行为践行入党誓言。医院党委根据活动要求，立榜样、树标杆，作出了在全院开展向马永春学习的决定。在以马永春为代表的先进人物的带动下，全院党员干部和职工严于律己，刻苦学习，扎实工作，激情创业，掀起了一轮学习先进好榜样的热潮。

刘丽华
（全国模范护士）

刘丽华，女，浙江省肿瘤医院护理部主任、主任护师，浙江省抗癌协会、浙江省护理学会肿瘤护理专业委员会主任委员。1988年被评为全国模范护士。

自1974年从事护理工作至今，刘丽华在工作中最大的体会是用心去做事。作为护理部主任，她用心履行自己的职责，特别注重细节管理，同时也要求护理团队成员用心去做、做得细致，不断观察、检查、反思、改进、创新，带领护理部取得了优异的成绩，保证和提高了护理质量，每年都有亮眼的创新点及工作重心。

2008年，医院提出“科技兴院”的目标，护理部也提出“科技兴护”的计划，对如何提高科研水平作了多次的培训及研讨，成立了专门的科研小组，有效提高了护理水平。

2009年，护理部把工作的重点目标定在“关爱护理”的落实与制度建设上，除了对院内患者进行满意度调查，还对10多位患者进行深度访谈，同时发放了1000多份出院患者调查表，对调查结果进行及时分析及总结，全年发表护理论文60余篇。同时，开展“温馨护理站”优质护理服务竞赛活动，取得了显著成效，共有40余名外院护士来参观学习“人文护理和服务”。

2010年，在原有活动的基础上，护理部又开展了“爱在身边”活动，倡导“六爱”，提出30多个护理项目的流程改进方案，同时修订了几十项护理制度，完善了护理质量的评价体系。

作为一名管理者，刘丽华总是顾全大局，多看别人的长处，多换位思考。

在500多人的护理团队建设过程中，她选用了不同层次的培训、引导、沟通方法，让每位护理管理者都清楚工作的目标及计划，并每月组织1—2次护士长会议来落实进度，通过扎实的考评体系让不同层次的护理管理者体会到“做好工作是需要付出的”。当护理管理者出现问题时，她积极采用当面沟通、书面反馈等方式解决，大胆开展批评与自我批评，增强了整个护理团队的凝聚力和工作积极性。

余传定

（全国卫生系统先进工作者）

余传定，男，浙江省肿瘤医院院长。2007年被评为全国卫生系统先进工作者。

自2001年12月担任浙江省肿瘤医院院长以来，余传定团结带领院领导班子，紧密结合医院发展的实际，审时度势、稳步革新，使医院圆满完成了“十五”期间的各项目标和任务，社会效益和经济效益都取得了可喜的成绩。

受命于危急之时。2001年12月，浙江省肿瘤医院的主要领导因经济犯罪被判刑，医院的发展受到严重影响，浙江省卫生厅紧急任命余传定到院主持工作。到任后，他和班子成员一起认真分析状况，采取积极措施，稳定了局面。随后的几年，他将长期规划与短期任务紧密结合，每年提出明确而具体的工作思路和工作目标。2003年，通过“三级医师负责制”加大了对管理机制、奖金分配的改革力度，并借助建院40周年的契机，推动医院文化建设。2004年，为贯彻“医疗质量规范年”的活动要求，确定了从“抓基础、抓规范、抓重点”做起，实现“观念、机制、行为的转变”。2005年、2006年连续两年通过“创三甲”这一抓手，推出了“以人为本、规范管理、科学发展”的工作思路，进一步规范医院管理和医疗行为。2006年12月，医院以高分顺利通过了三级甲等肿瘤专科医院的评审。在他的领导下，医院的总体发展有了科学的谋划，形成了《医院基本建设总体规划设计》《数字化建设诊断分析与整体规划报告》和《浙江省肿瘤医院2006—2010年发展规划》等，为“十一五”期间医院的可持续发展奠定了坚实的基础。

专注于学科发展。在余传定的主持下，医院编写出版了《常见肿瘤诊疗手段与评价》《常见恶性肿瘤治疗管理与技术规范》《浙江省病理质控规范》《浙江省病理诊断与技术规范》等业务指导用书，对提高和规范全省的肿瘤诊治技术起到了积极作用。他非常注重科研工作，不仅自己主持参与了多项科研课题，而且积极鼓励医务人员采用和推广新项目、新技术。他还重视医院的信息化建设，采用了“信息服务运维托管”这一新的管理模式，使医院信息化发展迅速，门诊诊间系统、电子病历、PACS系统、移动查房、OA等都陆续投入运行，信息化程度处于省内领先水平。

热心于文化建设。几年来，余传定坚持“两手抓”，在抓好业务建设的同时，大力推进医院的三大文明建设，形成了党政工团齐抓共管的精神文明建设工作格局，职工的凝聚力得到了进一步增强，同时也使医院的社会信任度和美誉度得到了较快提升。2006年9月，浙江省卫生厅对17家省级医疗单位进行了满意度调查，浙江省肿瘤医院的工作得到了患者的肯定，受到了省纠风办、省卫生厅领导的高度表扬。

毛伟敏

（浙江省五一劳动奖章获得者）

毛伟敏，男，浙江省肿瘤医院党委书记、副院长，中华医学会肿瘤分会委员，中国医师协会胸外科分会常委，中国抗癌协会肺癌专业委员会常委、食管癌专业委员会副主任委员，浙江省医学会常务理事、肿瘤学分会副主委、胸心外科分会候任主任委员，浙江省抗癌协会常务理事。享受国务院特殊津贴，曾获2010年度浙江省五一劳动奖章，被评为浙江省有突出贡献中青年专家。

毛伟敏从事肿瘤外科临床、科研、教学工作30余年，始终一心致力于攻克癌症事业，急患者之所急，想患者之所想，用自己不懈努力的行动履行着“白衣天使”的神圣职责，实现着当一名好医生的人生追求。

以仁爱之情服务临床。毛伟敏平易近人，作风正派，医德高尚，不图回报，对待患者一视同仁，深得患者和家属的一致赞扬，都说他是“没有架子的专家”。每逢节假日，他都会收到许多祝福。有一位晚期食管癌患者，虽然几经救治无效去世了，但其家属还是感谢他的精心医治，多次送礼感谢，都被他拒之门外，坚称这只是作为医生应该做的事。

以创新之法深入研究。毛伟敏虚心好学、勇于开拓，近年来在全国率先开展了一系列高难度手术。为了提高肺癌患者的生存率和生活质量，他开辟了一条肺癌、食管癌临床多学科综合治疗的新路子，打破了以往“一切了之”的治疗模式，带动了医院的学科发展。他结合临床和基础研究积极申报科研课题，目前主持或参与的课题有20余项，已获得浙江省政府科技进步奖1项，浙江省卫生科技创新奖5项，多项研究成果得到国内外同行的认可，许多新手术方式得到广泛的推广应用，取得了巨大的社会效益。他还用自己丰富的临床工作经验和创新研究成果，总结、撰写了7部医学著作，并在国内外杂志上发表了医学论文110余篇。

以博精之心不断进取。针对近年来肿瘤发病率明显上升的趋势，毛伟敏利用各种机会组织关于肿瘤防治的义诊咨询活动、举办肿瘤预防知识讲座，并撰写了百余篇肿瘤科普文章，通过多种媒体对群众进行宣讲。此外，他注重培养人才，毫无保留地传授自己丰富的临床经验和心得体会，培养了一批批年轻的肿瘤工作者。

以和谐之态面对一切。毛伟敏从不标榜、炫耀自己的成就。对患者的述说，他总是细心聆听，不厌其烦地向其讲解病情和治疗方法，鼓励患者树立信心，战胜病魔。30多年来，他获得了诸多荣誉，但作为一名医务工作者、一名共产党员，他在生活中依然淡泊名利、宁静致远；在学习中依然一丝不苟，不断攀登医学科学的高峰；在工作中依然精益求精、廉洁行医、甘为人梯。

尹 来

（江苏省劳动模范）

尹来，男，浙江省药械采购中心主任。先后被评为江苏省优秀科技工作者、江苏省十大杰出青年岗位能手、2001年度江苏省劳动模范、全国青年岗位能手。

1982年，尹来毕业于徐州医学院医疗临床专业，毕业后就工作在基层临床一线，历任江苏金湖县人民医院医师、院长，江苏省金湖县卫生局副局长，江苏省金湖县政协副主席，浙江省医学学术交流管理中心副主任，浙江省医疗事故技术鉴定办公室主任，浙江省医学会副秘书长，浙江省医师协会副秘书长，浙江省康复学会副秘书长、浙江省药械采购中心副主任（主持工作）。2013年6月24日至今，任浙江省药械采购中心主任。

尹来是一名从基层医务工作者做起的医务管理者，在长期的临床医疗工作中，他爱岗敬业、任劳任怨、大胆创新、无私奉献，为我国医疗事业的发展作出了重要贡献，赢得了广泛赞誉。他积极开展新技术、新项目的应用，带领大家在专科内进行相关科研工作，倡导“科技兴院”的理念，撰写的多篇见地独到的医学论文在国家级和省级医学刊物上发表，并荣获江苏省科委颁发的科学进步奖三等奖1次、市科委颁发的科学进步奖一等奖、二等奖各1次。2009年，他被任命为中国浙江援马里医疗队总队长，远赴非洲马里进行为期两年的援外医疗工作，本着“救死扶伤”的国际人道主义精神，取得了骄人的成绩，多次受到国际友人、马里政要、中国驻马里大使和参赞的赞许。

作为院长、卫生局分管医疗的局长，尹来不管工作有多忙，从不间断每周的门诊、查房及会诊，把大部分业余时间都奉献给了医院和学术研究，并狠抓医院各项管理制度建设，努力实现各项工作的程序化、制度化、规范化，为医院的良好快速发展打下了基础。作为市政协常委、县政协副主席，他积极参政议政，真正做到对医疗卫生系统的各类问题“参政参到关键处、议政议到点子上”，为市、县的医疗发展和改革作出了积极贡献。2003年，时任浙江省医疗事故技术鉴定办公室主任的他，有效地组织全省医学会开展两级鉴定，加强了与卫生行政部门、各级司法机关的沟通联系，创新开展了“非法行医”的医学鉴定，确保各种医患纠纷能依法处理，为医鉴工作作出了巨大的贡献。

尹来爱岗敬业，无怨无悔地奋斗在医疗卫生战线上，在工作中实践着自己的人生信仰，在不断的奋斗中充实完善自己，用青春才智为我国的卫生事业发展添砖加瓦，无愧于“劳动模范”和“全国青年岗位能手”的光荣称号。

吕杭军

（浙江省五一劳动奖章获得者）

吕杭军，男，浙江省医学科学院院长，曾任浙江省献血管理中心主任、浙江省血液中心主任。曾获2012年度浙江省五一劳动奖章、2014年度中国输血协会质量管理奖。

吕杭军从业20余年来，获得的荣誉数不胜数，但是，再多的荣誉也无法完美地诠释他那颗无私奉献、俯首甘为孺子牛的热忱之心。

2010年以来，接二连三的社会公益事业负面新闻不断冲击着无偿献血刚刚构筑的城防，采供血工作面临严峻挑战，而吕杭军坚信“锲而不舍，金石可镂”，提出打造“透明血液工程”的目标，通过举办市民开放日、公布每周血情、增加血液去向查询功能等措施，有效增强了社会信任度。在他的鼓舞下，血液中心全体职工砥砺奋进，终得破冰，2014年，中心延续了良好的发展态势，全血采集量同比上升5.95%，机采血量同比上升8.09%，再创新高。在他看来，只要人人都献出一点爱，这个世界将变成美好的人间。作为一名医务工作者，多年来他已累计献血达7500毫升，荣获全国无偿献血奉献奖。他还积极推动《浙江省实施〈献血法〉办法》的修订和宣传，将对献血者的关爱切实地融入制度体系保障中，赢得了广大献血者和志愿者的肯定与褒奖。

从临床医生一路走来的吕杭军，不论工作如何繁杂，总会坚持参加科研工作。他主要从事输血管理、输血传播性疾病研究、红细胞和血小板血型系统分子诊断、HLA基因诊断和免疫相关基因研究、造血干细胞诱导及其分化研究等，领衔主持全国唯一的“卫生部血液安全研究重点实验室”的相关工作，获得了国家科技进步奖等多项荣誉，承担和参与了国家自然科学基金、省部共建、浙江省科技厅、浙江省卫生厅等重大科研项目10余项，累计发表论文30余篇，其中SCI论文20余篇，在国内输血业具有较高的学术地位。

近年来，重大突发事件的频发考验着浙江省血液中心。吕杭军带领团队不断致力于完善应急保障机制，不定期地组织应急演练，做到了常备不懈。2014年，杭州7路公交车突然起火燃烧，伤者众多。吕杭军一方面立即启动了应急供血预案，连夜在制备供应科组织现场协调会，要求中心全体职工进入应急血液保障状态，全力以赴做好紧急血液出库准备；另一方面即刻了解医院和全省血液库存情况，部署联动保障工作，最终圆满完成了应急血液保障任务。

吕杭军的心里装着无偿献血事业的宏伟蓝图，也装着血液中心每一位职工的喜怒哀乐。在他的带领下，浙江省采供血团队连续两届被评为全国无偿献血先进。习近平总书记在担任浙江省委书记时，曾对血液中心进行“文化大省建设”调研，对血液中心所作的努力和取得的成就作出了高度评价，并指出：“卫生强省，像血液中心这样就达标了。”

金 心

（全国卫生系统先进工作者）

金心，男，浙江省立同德医院神经外科主任。先后被评为浙江省优秀医师、浙江省直机关优秀共产党员、2012年度全国卫生系统先进工作者。

金心从医30余年来，潜心临床医学事业，致力为患者解除痛苦，在神经外科岗位上兢兢业业，以精湛的医术和高尚的医德，治愈了无数急危重患，受到了医院全体医护人员、广大患者及社会各界的高度赞扬。

治病救人，精益求精。神经外科医生是一个平凡、辛苦而又高风险的职业，作为医院神经外科主任，金心要付出更多。经过长期的刻苦钻研，他在中枢神经系统肿瘤、显微神经外科、功能神经外科等方面具有了较高的造诣，创造了一个又一个生命奇迹。每年他都要完成多例高难手术，开展的“颅内动脉瘤夹闭术”“乙状窦前入路手术，切除巨大岩斜区脑膜瘤”“脑干血肿清除术”等新技术、新项目，为无数患者解除了痛苦，多次填补了浙江省神经外科的空白，一些高难手术达到了国内先进水平，他本人已成为浙江省神经外科界的知名带头人。

医者仁心，舍己为人。金心总是以身作则，先人后己，吃苦在前，享受在后，对患者一视同仁，贫弱不欺。就在他全身心地投入科室发展创建工作时，其母亲从高处坠落导致颅内出血，经抢救无效去世。在其母亲抢救的过程中，他还在科室忘我地工作，救人无数的著名神经外科专家却没能最终尽到自己的一片孝心。在他的带领下，浙江省立同德医院神经外科成为浙江省中西结合脑病创新平台依托专科，年手术量近300余例，所需先进设备齐全，综合实力居省内前列，承担着浙江大学医学院、浙江中医药大学、杭州师范大学医学院、温州医学院，以及省外多所医科大学的教学和科研工作，与北京、上海及美国等国内外多家重点神经外科中心开展了协作和学术交流，研究成果多次在全国以及浙江省神经外科大会上进行交流。

孜孜求索，勇于创新。金心始终把创新放在科室发展的首位。1995年，他率先在金华完成了一例大面积头皮撕脱血管吻合再植术，第一次独立完成了金华市首例听神经瘤全切手术；1997年，他独自进行了额部钻孔治疗慢性硬脑膜下血肿的研究，论文发表在《浙江医学》杂志；调至浙江省立同德医院以后，他每年都要开展2—3项新技术、新项目研究。在他的带领下，立同德医院神经外科拥有了切除大型脑垂体瘤的强项，用内镜配合，全切率高；开展了岩斜肿瘤、松果体区肿瘤、三脑室肿瘤、脑干血肿、各种脊髓肿瘤、脊髓栓系的手术治疗，颅内动脉瘤的开颅夹闭和介入治疗，血管畸形的手术治疗，三叉神经痛的手术治疗，均取得了较好的疗效；独立发明了气复穿刺脑室复腔分流复腔端管置管术，使分流手术更为方便，手术器械设计还获得了国家专利；在脑外伤和脑中风治疗方面，也开展了大量工作。

金心不愧是一名好医生，在他的身上集中体现了无私忘我、不思安逸、不图名利的高尚品质。他严谨求实、廉洁自律，一心想着患者，脚踏实地为患者办实事；大胆寻求诊治技术的新突破，迈着坚实的步伐向医学的巅峰攀登。

张沂平

（全国卫生系统先进工作者）

张沂平，女，浙江省肿瘤医院肿瘤内科主任医师、浙江省抗癌协会肿瘤化疗专业委员会主任委员。2012年被评为全国卫生系统先进工作者。

在30多年的行医实践中，张沂平乐于奉献，爱岗敬业，积极完成临床医疗、教学、科研任务以及一些社会工作，工作成绩突出。2002年起，她担任浙江省抗癌协会肿瘤化疗专业委员会主任委员，团结全省肿瘤化疗界的同仁，尽心尽力做好工作，每年都被抗癌协会评为先进专业委员会。医院实行专家门诊挂号限号制度，每周一是她的专家门诊，挂号患者很多，而且一些患者从外地赶到医院的时间太晚，根本挂不到号。她看到患者来一趟不容易，又是专程奔她而来，二话不说就同意患者加号，因此她的专家门诊经常延迟到中午12点以后，有时甚至到下午1点以后才能结束。近几年来，她从未休过年休假，还多次放弃医院组织的疗休养，即使生病也坚守在工作岗位上。

在30多年的行医实践中，张沂平始终坚持以患者为中心、一切为患者着想的行医理念和服务宗旨，恪守行医的职业道德，尊重患者、关心患者、帮助患者，深受患者好评。碰到新患者，她总是耐心做好咨询解释工作，仔细为其检查，制定最适宜的治疗方案；在治疗过程中，坚持合理检查、合理用药的原则，在保证治疗效果的前提下，尽可能缩短患者住院时间，为患者节约治疗费用；患者出院后，做好随访和咨询服务，嘱咐患者定期复查。她善待患者的服务态度和良好的医德医风，得到了患者及其家属的一致好评。

在30多年的行医实践中，张沂平刻苦钻研业务技术，具备了丰富的临床经验，擅长肿瘤疑难病症的诊断和治疗，尤其是在肺癌、乳腺癌、胃癌和恶性淋巴瘤等肿瘤的诊断、治疗和临床研究方面颇有建树，是浙江省肿瘤化疗的学科带头人，精湛的医术不但得到学术界同行的认可，更是赢得患者的充分信赖。在完成繁重的科室管理和临床医疗工作的同时，她丝毫不放松对专业知识的学习与钻研，把理论知识与临床实践有机结合，在国内外学术期刊上发表论文70余篇，其中SCI论文20余篇。她还多次负责国内外肿瘤中心临床研究项目，承担省部级及厅级课题10余项，并十分注重对下级医生的培养，做好传帮带工作，悉心指导年轻医生和进修医生，帮助他们尽早掌握各种常见肿瘤疾病的诊治方法，以及对危重、疑难患者的处理技术，较好地完成了临床带教、培养硕士生和指导下级医师的任务。

施培武
（全国卫生系统先进工作者）

施培武，男，浙江省医学科学院党委书记，曾任浙江省皮肤病防治研究所所长。2012年被评为全国卫生系统先进工作者。

2010年5月，施培武根据浙江省卫生厅的安排，担任浙江省皮肤病防治研究所（简称“皮防所”）所长。短短两年多的时间，皮防所的各项工作就发生了翻天覆地的变化，干部职工精神面貌焕然一新，与离退休人员和麻风病休养员的关系和谐稳定，麻风病和性病防控取得多项全国第一，麻风村建设管理达到国际水平，医疗业务得到持续健康增长，基础设施条件明显改善，各项管理规范有序，单位形象迅速上升，一跃成为全国、全省先进单位。

施培武始终坚持工作上高标准，生活上低要求。他率先在国内提出了麻风病症状监测和临床医师全员地毯式培训的理念，建成国内领先的麻风病症状监测系统；积极探索性病防治新策略，有效控制了疫情持续增长的势头。2010年的冬天，他的父亲突然病重，而那时正值筹备防治麻风病日活动的繁忙时期，他只能匆匆探望父亲两次。他的父亲去世火化后，他强忍悲痛，连夜赶回单位投入工作，在第二天的离退休人员团拜会上，许多老同志都感动得流下了眼泪。

施培武大力推进文化建设，组织制定了单位文化体系，建成全国首家麻风史料陈列室，完成《浙江麻风防治60年》及《浙江省皮肤病防治研究所（院）志》编纂和出版工作；重视单位发展的目标导向和规范化管理，主持制定了皮防所历史上首个五年规划——《浙江省皮肤病防治研究所“十二五”建设与发展规划》，组织编制完成首部规章制度汇编和首个奖金分配方案；定期召开职工代表大会，完成了单位管理向制度化、规范化的转变，使皮防所先后被评为国家级青年文明号单位、市级文明单位、市级卫生先进单位、省级卫生先进单位、省级无烟单位。

施培武十分关心在职职工、离退休人员和麻风病休养员的工作和生活，并努力克服困难，为退休人员补发了绩效工资；完成集体宿舍的装修、空调安装和浴室改造，进一步改善在职职工的生活环境；解决了麻风病休养员的医药费报销问题，提高其最低生活保障金；亲自同上访的麻风病休养员谈心，化解矛盾，构建了和谐稳定的医患关系。此外，他亲自主持推进拖延多年的新门诊楼改扩建工程，仅耗时一年就建成使用，并完成了麻风病疗养院的首次界桩埋设，规划、建成了外大门和围墙，为国家收回、扩充了近15亩可用土地面积。

闻礼永

（全国卫生系统先进工作者）

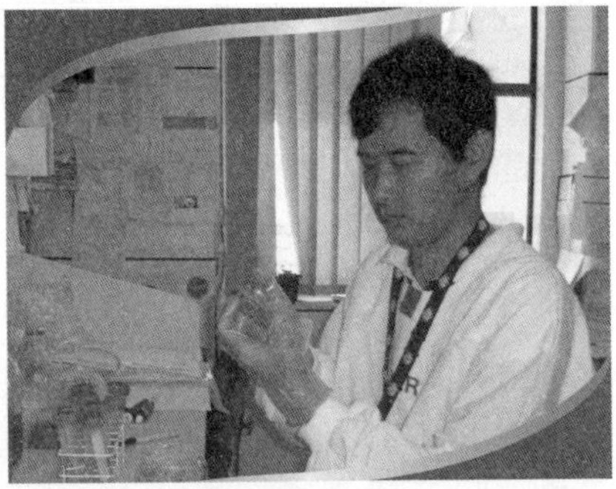

闻礼永，男，浙江省医学科学院寄生虫病研究所所长、二级研究员，浙江省血吸虫病防治中心主任。享受国务院特殊津贴，被评为2012年度全国卫生系统先进工作者、浙江省有突出贡献中青年专家。

开拓进取创新。作为一名优秀的科技工作者，闻礼永具有良好的敬业精神、严谨的治学态度。他曾获WHO和JRMC奖学金，并以访问学者的身份赴美国耶鲁大学、澳大利亚昆士兰医学研究所、澳大利亚詹姆斯库克（James Cook）大学研修；主持或参加WHO、JRMC、省部厅级等科研项目30余项，发表学术论文120余篇，其中SCI收录论文12篇，主（副）编出版学术专著5本，参编出版学术专著12本，制定国家卫生行业标准6项，获省部厅级科技成果奖15项，其中省部级二等奖3项，省部级三等奖7项；作为导师培养了多名优秀硕士研究生，兼任国家和省级学术职务15个，被浙江省委组织部、人社厅、科学技术协会联合评为浙江省优秀科技工作者。

敬业奉献服务。作为一名优秀的血防卫士，闻礼永坚持科研为防治工作服务的理念，长期辛勤工作在浙江省血吸虫病防治第一线，在血防业务管理、螺情监测、病情监测、晚血救助、技术指导、疫情处理等方面积极钻研，出色地完成了血防工作任务，继续保持全省无本地急性感染患者、新感染患者（畜）和感染性钉螺，为巩固全省血防成果和推进全国血防进程作出了突出贡献，被原卫生部、农业部、水利部、国家林业局联合评为全国血吸虫病防治工作先进个人，多次被评为浙江省疾病预防控制工作先进个人、浙江省公共卫生应急工作先进个人。

坚定理想信念。作为一名优秀的共产党员，闻礼永自1984年大学期间加入中国共产党以及2011年起担任党总支书记以来，处处以共产党员标准严格要求自己，大力发扬奉献精神，忘我工作，勤奋敬业，廉洁干事，认真完成党组织交付的各项任务。2010年起，他与常山县贫困家庭的傅同学结对开展爱心助学活动，目前已连续资助5年，傅同学已顺利考入重点中学就读。2013年起，他参加了浙江省高层次人才与畲乡青年英才结对帮带活动，与景宁畲族自治县疾病预防控制中心朱科长结对，在学科建设、科学研究、论文撰写等方面提供技术帮助。因表现突出，他被评为浙江省医疗卫生系统优秀共产党员、浙江省直机关“创先争优”优秀共产党员、浙江省医学科学院优秀共产党员，成为血防领域德才兼备的重要学科带头人。

徐晓霞
（浙江省五一劳动奖章获得者）

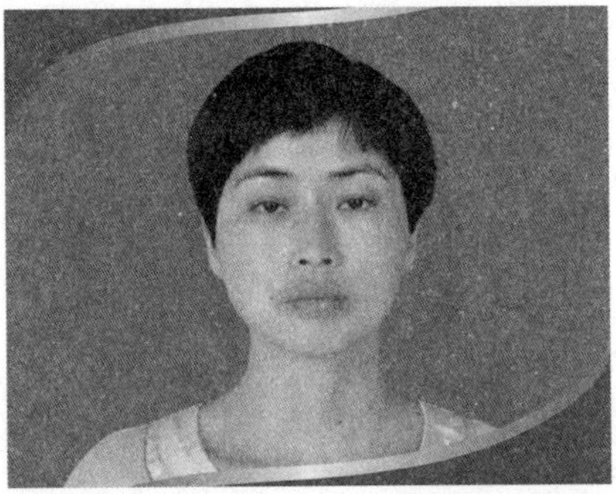

徐晓霞，女，浙江省人民医院护士。先后获得浙江省及杭州市高等教育自学考试优秀毕业生、浙江省护理技能竞赛铜奖、浙江省卫生系统青年岗位能手、浙江省卫生系统护理技能大赛临床护理组第一名、浙江省人民医院服务标兵、2012年度浙江省五一劳动奖章等荣誉。

1993年8月参加工作后，徐晓霞一直从事临床护理工作，在工作中始终服从组织安排，从不计较个人得失，做到手勤、眼勤、口勤、腿勤，体现了领导在场与不在场一个样，白班与夜班一个样，有人检查与无人检查一个样的职业素质。她先后在感染科、儿科、ICU、胸外科、心内科工作，在实际工作中非常注重细节，病情观察特别仔细，抢救中沉着冷静、技术熟练。每到一个科室，她都能主动配合护士长搞好科室管理工作，及时与同事沟通工作中遇到的困难，确保工作的顺利进行。对高年资同志，能够主动请教，尊重其指导，学习其长处；对低年资护士及实习护士，能够主动做好传帮带工作，毫无保留地传授自己多科室的护理知识和经验，受到同事的尊重和领导的好评。

徐晓霞积极响应原卫生部号召的优质护理服务，切实全面履行自己的职责，深入病房，了解患者的心理生理需求，以最快的速度解决患者的疑问及要求，协助护士长帮助低年资护士转变观念，变被动服务为主动服务，得到了医护人员、患者及其家属的一致好评，她所在的病房被评为优质护理先进病房，她本人也被医院评为优质护理先进个人。她说成绩属于过去，未来的路任重道远，自己将始终始终怀着一颗感恩的心，不断进取、不断努力，积极投身护理事业，全心全意为患者服务。

陶林森

（全国五一劳动奖章获得者、
浙江省劳动模范）

陶林森，男，浙江省卫生和计划生育委员会监察专员、浙江省卫生系统工会工作委员会副主任、中国教科文卫体工会全国委员会委员。2013年1月荣获全国五一劳动奖章，2013年4月被评为浙江省劳动模范。

认真当好参谋。从做工会工作那天起，陶林森就认真思考、及时建议，在领导的高度重视下，先后系统地制定完善了协调党政等各方面力量、重视工会组织覆盖壮大会员队伍、加强干部作风建设、深化建家达标考评、扎实开展职工技能竞赛、有效组织职工文体活动，以及推进示范引领、规范各类奖励、鼓励联手联动等多项制度规定，对增强工会领导力量和能力建设，形成有素质、有影响、有一定参政议政能力的工会干部队伍起到了一定的作用。

总是想着职工。职工之家、文体活动、技能比武、评先推优、福利慰问、劳模管理等工作，虽是应尽之责，但陶林森总是想得更多更细。在别人“来不及、顾不上、看不见、做不到”的地方，他和工会主席们一道，不但在做，而且尽力做细、做实、做到位，为工会与职工心连心纽带的牵起、家与“家”情缘的搭建努力着。“能多从职工的需求出发去开展活动”，是基层工会对他工作的回应，也是上级领导对他的经常性评价。

注重学习思考。抓学习是提升理论素养和工作水平的有效途径，是把握全局、探索问题、保持工作前瞻性的重要保障。多年来，卫生系统工会理论研究取得了较好成效，不少单位和个人多次得到上级的肯定和奖励。陶林森不光认真组织、精心培训，而且自觉行动、带头撰写，结合工作搞调研，先后草拟了工会论文、调研材料150多篇，创作诗歌、散文数十篇，并在省级以上报刊发表多篇论文，出版《理论—实践—思考》专著一部，先后完成了《职代会的比较研究》《职代会在卫生事业发展中的地位与作用》《对建立健全职（教）代会制度的若干思考》等多篇调研课题，并按时完成全委每年布置的任务，近10年时间里，先后获得了浙江省和全总全委三等以上奖项20多次。2012年，他主编的232万字的《机关事业单位工会工作》被全国总工会确定为全国工会干部培训与业务指导用书，出版总数达百万册，而且他在此书的编写、出版中，做到了“四不”（不占用上班时间，坚持每天提前2小时上班；不请人帮忙代劳，全部自己编写打印处理；不拿一分稿费；不参与推销宣传）。

活动务求实效。对全国总工会部署的许多大项活动，卫生系统工会总能按浙江省总工会的具体要求，有及时的传达和学习，有认真的研究和部署，有有效的措施和办法，有明显的工作成效，系统工会工作及陶林森本人受到全总全委和省总工会的多次肯定和好评。在2010年全国工会系统创先争优活动中，陶林森被授予“全国优秀工会工作者”荣誉称号，浙江省总工会还召开了现场会，总结推广卫生经验。在2012年全国总工会、文化部、中国文联、中国作协联合组织开展的深入职工创作实践活动中，卫生系统重视做好结合文章，分类指导，注重实效，得到上级工会的充分肯定和表彰。2012年10月，全国总工会、文化部、中国文联、中国作协联合工作组调研考评，评定陶林森为优秀个人。2013年1月，全国总工会授予在深入职工创作实践中作出突出成绩的71家单位“优秀组织单位”、130名同志（陶林森名列其中）“优秀个人”荣誉称号，并从中择优授予12家单位“全国五一劳动奖状”、1个单位“全国工人先锋号”、7名同志（陶林森榜上有名）“全国五一劳动奖章”荣誉称号。2013年4月，浙江省人民政府授予陶林森“浙江省劳动模范”荣誉称号。

卢亦愚

（浙江省劳动模范）

卢亦愚，男，浙江省疾病预防控制中心专家、浙江省应急检测关键技术重点实验室主任。享受国务院特殊津贴，曾被评为2014年度浙江省劳动模范、全国医药卫生系统先进个人、全国抗击“非典”优秀科技工作者、浙江省抗击“非典”先进个人、浙江省151人才工程第一层次人员和浙江省疾病预防控制系统感动人物。

1985年，卢亦愚获得浙江农业大学硕士后，进入浙江省疾病预防控制中心前身——浙江省卫生防疫站工作，1991—1994年赴日本九州大学医学部留学，获博士学位。自工作以来，他一直从事公共卫生及相关科研工作。

2003年，面对传染性强、死亡率高的新发传染病SARS，卢亦愚不顾个人安危，冒着被感染的危险，对患者进行面对面采样，建立了相关检测技术，用于浙江省SARS疑似患者的临床诊断和鉴别诊断，为政府决策提供依据。他带领团队开展了对SARS病毒的全序列测定，成为我国第二位将SARS病毒全序列登录于美国GenBank的单位。

近年来，卢亦愚采用最新的分子生物学技术，针对急性呼吸道、肠道和虫媒等多种病毒性疾病，前瞻性地建立了禽流感等30多种传染病的应急检测平台，并通过继续教育班的形式在浙江省内广泛推广应用，在浙江省人感染禽流感的病例确诊，以及流感、手足口病、登革热等疫情的确认中，发挥了重要作用。此外，他主持了国家与省部级科研项目10多项，发表中英文学术论文80余篇，获省部级奖励7项，申请发明专利11项。

卢亦愚积极关心公共卫生及其他民生问题。在担任全国人大代表、浙江省人大代表和浙江省政府参事期间，他每年都会递交5—6个涉及民生、公共卫生、经济发展等领域问题的议案与建议。其中，“食盐加碘不能全国一刀切”等多个建议，受到了群众与职能部门的高度重视。他认为许多事关民生的建议，不能因为棘手就不提，于是积极收集整理意见，近10年来多次提出了优秀、实用的建议。2010年，《浙江人大》杂志以《“犟”代表卢亦愚》为题对他作了采访与报道，高度评价了他的较真精神。

屈百鸣

（浙江省劳动模范）

屈百鸣，男，浙江省人民医院心内科主任、中国老年学学会心脑血管病专业委员会常委、中国医药技术协会心电学分会常委、浙江省生物医学工程学会常委心律专业委员会主任委员、浙江省医学会心脏起搏与心电生理分会副主任委员、浙江省中西医结合学会心血管病专业委员会副主任委员、中华医学会心电生理与起搏分会房颤工作组成员、国家卫计委先天性心脏病介入诊治浙江省培训基地负责人、国内多家心血管病杂志编委。1995年和2000年获浙江省医卫科技进步三等奖，2008年获中华医学会心脏起搏与心电生理分会心房颤动基础与临床研究杰出贡献奖，2008年被评为浙江省人民医院感动省医人物和浙江省直系统优秀共产党员，2012年被原卫生部表彰为全国医药卫生系统先进个人，2014年被评为浙江省劳动模范。

屈百鸣数十年来始终致力于心血管疾病的介入治疗和心律失常、心脏电生理等研究，具备了上万例心血管病介入治疗经验。他率先在国内开展心房扑动的导管消融，提出三尖瓣至冠状窦口消融线；率先开展非接触心内膜激动标测系统（ESl）引导下的房颤机制及消融研究，并获得中华医学会心脏起搏与心电生理分会房颤消融基础与临床研究杰出贡献奖；最先引进冷冻消融治疗心律失常，获北京市科学技术奖三等奖，成为国内三维电场导航下无射线心律失常导管消融术倡导者；最早在浙江省内开展急性心肌梗死急诊介入治疗，并率先在国内开展经皮心肺循环支持下的极危重冠心病的介入治疗研究。此外，共发表学术论文百余篇，完成了《食管法心脏电生理学》《心脏电生理学入门及图解》等专著。

潘美儿

（浙江省五一劳动奖章获得者）

潘美儿，女，浙江省皮肤病防治研究所上柏住院部护士长。先后获得第42届南丁格尔奖（国际护理界最高奖项）、中国十大职业女性榜样、浙江省爱心助残奖、浙江省疾病预防控制先进工作者、2015年度浙江省五一劳动奖章等荣誉。

麻风病防治是国家公共卫生事业的重要内容，关系到麻风病患者的身体健康、生命尊严、家庭幸福以及社会和谐。潘美儿继承和发扬了医务工作者的优良传统，常年坚守在偏僻山坳为麻风病患者服务，始终兢兢业业、无私奉献。她敬业勤奋，刻苦钻研，注重提升麻风病护理水平，积极探索麻风病溃疡临床护理路径，发表了多篇学术论文，多次参与国内外学术会议交流，还经常参加全省麻风病畸残康复医疗队的巡诊和技术指导，重视提升基层住村麻风病畸残者的生活质量，并与医疗团队成员团结协作，致力于为麻风病畸残康复者和重症现症麻风病患者提供优质的医疗、护理、康复服务，充分展示了医务工作者大爱无疆的良好形象和高尚的医德医风，为浙江省麻风病防治事业作出了积极贡献。

2014年，浙江省卫生计生委、浙江省委省政府、国家卫生计生委先后发出了向上柏住院部医疗团队学习的号召。2015年，上柏住院部医疗团队被中宣部授予“时代楷模”荣誉称号。作为事迹报告团的重要成员之一，潘美儿圆满完成了全国、全省30余场巡回报告，受到国务院副总理刘延东、浙江省委书记夏宝龙的亲切接见和充分肯定，同时受到国家卫生计生委的表彰，树立了当代卫生计生工作者的良好形象。

潘美儿以非凡的勇气、无私的爱心和强烈的责任感，不畏长期以来人们对麻风病存在的歧视，坚守在麻风病护理岗位上，为麻风病休养员提供了优质的护理服务和心理疏导。她视麻风病患者如亲人，无私地帮助和关怀着这一弱势群体，用自己的真情温暖着每一位患者的心，展现着浙江“最美儿女”的奉献之美、责任之美、奋进之美、向善之美，为在全国率先消除麻风病危害的崇高目标、为打造“两个一百年”的幸福美景奋斗着、贡献着！

金素萍

（浙江省五一劳动奖章获得者）

金素萍，女，浙江省立同德医院急诊科护士长、工会副主席、女职工委员会主任、行政四支部党支部书记。先后多次被评为星级护士长，院、卫生厅系统优秀共产党员，卫生厅系统和省直机关优秀工会工作者，省直机关和省总工会先进女职工工作者，2011年3月获“全国五一巾帼标兵”称号，2012年6月当选为浙江省第十三次党代表，2015年荣获浙江省五一劳动奖章。

金素萍一直在基层工作，爱岗敬业，开拓奉献，在领导的关心指导和同事们的帮助下，切实为患者、为职工服务，工作做到有特色、有成效：积极组织医护人员参加各种公益活动，到社区、农村开展义诊，为建筑单位和户外救护员进行爱心救护、急救演示等，得到了群众的好评，建立了良好的群众基础；积极配合医院中心工作，重视民主管理，开好职工代表大会，组织好院务公开监督工作，重视职工的利益和诉求，认真做好职代会提案的落实督办，做到提案件件有落实、事事有反馈，取得了实实在在的成效。由于工作量大面广，节假日上班已是她的工作常态，但她毫无怨言，始终为职工办实事、办好事，及时帮助、慰问、探望生病和有困难的职工，尤其是积极关爱护士，为她们解决实际困难，得到了职工的信任和拥护。

从2005年起，金素萍认真而扎实地做好职工之家建设，以建设职工小家、夯实职工之家为基础，以共建和谐医院、和谐社会为目标，团结和鼓励职工为医院“二次创业”作贡献，促进医院的和谐发展与建设。针对医院的工作性质，她还制定了职工小家建设标准，并在全省卫生系统中开展“建设职工小家”培训，为立同德医院从省先进职工之家、省模范职工之家到全国模范之家作出了贡献。2007年，院工会被全国总工会授予“厂务公开先进单位”荣誉称号。2011年，立同德医院被浙江省总工会授予浙江省五一劳动奖状。

近几年来，金素萍在院内精心组织职工开展各种形式的群众性活动，并积极参加上级举办的各种比赛，均获得了一、二等奖的好成绩，组织排练的情景剧《除夕钟声》还获得了全国卫生系统最佳节目奖。近年来，她担任了浙江省直机关桥牌队队长，坚持每周利用业余时间组织培训，每年组织4次大型比赛，平时进行网络活动，为扩大省直机关文体协会的影响力作出了努力。

周慧娟
（浙江省五一劳动奖章获得者）

周慧娟，女，浙江省肿瘤医院护士长。2015年荣获浙江省五一劳动奖章。

1990年，周慧娟从杭州护士学校毕业后，被分配至浙江省肿瘤医院工作，至今已有25个年头。不管是在学校，还是在单位，她都是最努力的一个，虽然她小小个子，可是满满正能量，一直奋战在最艰苦而又高风险的临床一线，为医院培养了多位临床护理骨干。

周慧娟热爱护理事业，坚持在平凡的岗位上毫无保留地释放爱的能量。胸外科是全院公认的高风险科室，护理任务重，应急抢救多，她就在这样的环境中逐渐成长并得到磨炼。在监护室，她也总是冲在第一线，亲自参与多起重大抢救。25年来，她除了产假，没有请过一天病假和事假。多年的临床工作经历，使她在肺癌、食管癌护理，老年患者术后监护上积累了丰富的经验，并在国家一级和二级刊物上发表了多篇文章。

2012年5月，周慧娟参加了为期两年的卫生计生委援非医疗工作，代表中国踏上了援纳米比亚医疗队之路，在Katutura公立医院的门诊为非洲人民传播中医文化，也为当地的华人和中资机构提供全科中西医疗服务，展现了人爱无疆的胸怀，取得了可喜的佳绩。作为共产党员，她带头做好工作，以集体为重，以援外事业为重；作为兼职会计，她协助队长严格按照卫生计生委援外医疗队的各项管理要求执行任务。她说："援非工作是享受奉献爱心的快乐过程，在他们微笑的眼神和'China、China'的呼叫声中，我感受到了自己的价值，感受到了中国医疗队在非洲的价值。越是在国外，国家在我心中就越重，而我能为祖国尽一己之力，倍感荣幸和骄傲。”

2014年9月，周慧娟结束援非医疗工作回国后不到3个月，就接到了中华骨髓库浙江分库的电话，说她与一位白血病患者初步配型成功，问她是否愿意捐献干细胞。作为肿瘤医院的一名医护人员，她知道配型成功对患者来说意味着生的希望，所以她毫不犹豫地答应了。她安排远在外地工作的爱人操持家里，只身一人住在病房，忍受全身骨头的疼痛和低热感，最终在2014年12月23日成功采集到了干细胞，并运送到上海儿童医学中心去挽救素不相识的白血病患者的生命，传播了社会正能量。国内多家新闻媒体对此进行了采访和报道，不仅对她的善举表示赞赏，更呼吁全社会都投入到捐献干细胞的公益事业中。

王战标

（全国人口和计生教育系统先进工作者）

王战标，男，原浙江省计生宣传教育中心主任。2011年被评为全国人口和计生教育系统先进工作者。

1989年，王战标进入浙江省人口与计划生育委员会工作，先后担任委员会科技处干部，浙江省计划生育科学研究所副所长、所长，浙江省计生宣传教育中心主任。他政治坚定、能力突出，始终坚持廉洁自律、开拓创新，多年来奋斗在人口计生战线，成绩显著，事迹感人，不仅自己多次荣获全国及浙江省多项荣誉称号，所领导的单位也多次荣获各种荣誉。

作为计划生育科学研究所所长，王战标在科研工作上取得了一系列突破。“中国正常男性精液质量分析研究”“十一酸睾酮酯注射液避孕有效性的多中心临床研究”，与英国伦敦儿童研究所合作的“已婚育龄夫妇生殖健康检查中英合作项目”等世界卫生组织、国家计生委、科委课题均取得了较好成绩，同时提升了科研所的科研能力与水平。同时，他的新技术推广成绩突出，率先在全省开展推广“药物流产”“皮下埋植”，引进基因检测、优生检测，组建HIV初筛实验室（美国CDC评估，浙江第七家），创建PCR实验室（全国第77家，原卫生部检验通过），建立了人类精子库（全国第七家）。此外，积极指导基层服务网络走在全国前列，建立了计划生育系统临检中心、院感中心，计划生育B超专业委员会等，对提升基层服务网络和技术水平起到了至关重要的作用。

作为计生宣传教育中心主任，王战标进一步提升了广播电视栏目、计生墙板、《当代家庭》《当代人口》杂志、《中国人口报》记者站等的工作成效，并按照浙江省计生委的要求，打造计生品牌，创造性地在全省开展“三优”工作，推进计生工作转型，提升人口素质，关注民生，服务群众。此外，他在宣传工作中不断开拓创新，注重探索“大联合，大宣传”，与浙江省委宣传部、国土资源厅、环境保护厅联合做宣传，与浙江省电视台、电台，《浙江日报》《钱江晚报》、浙江在线等媒体合作，营造了浓郁的宣传氛围，深受基层政府与广大群众的欢迎，并受到国家计生委的高度赞扬。

俞志红

（浙江省五一劳动奖章获得者）

俞志红，女，浙江医院院长助理、干部保健科科长、副主任护师。2016年荣获浙江省五一劳动奖章。

俞志红于1978年12月参加工作，因工作需要，自2000年起从事保健工作。她十几年来奋斗在保健一线，工作认真、作风严谨、成绩突出，得到中央、浙江省委和卫生厅领导的一致好评。

俞志红在政治思想上与党组织保持高度一致，处处以党员的标准严格要求自己，政治立场坚定，严格遵守保健工作的纪律，保守秘密、保护隐私，以身作则，无私无悔。

俞志红在业务上精益求精、成绩突出。在她的带领下，浙江医院近3年来成功申报厅级课题10项，发表核心期刊论文11篇。目前，保健科有30多位保健人员，承担着624位享受副省级医疗待遇的领导的保健任务；门巡诊量达12万人次，组织院内外会诊达3000余次，完成保健对象体检1900人次；承担来杭外国元首、中央领导、政府要员及大型会议等保健任务达312次，共派出医务人员706次，累计时间达2397个工作日，任务之重、责任之大是一般临床岗位的数倍。

俞志红在工作作风上严谨负责，牢固树立“保健工作无小事”的观念和“全心全意为人民服务”的宗旨。她十几年如一日，踏踏实实、兢兢业业、尽心尽责地做好每一位保健对象的保健工作。对于保健工作者来说，出差个把月是经常的事情，任务的内容也不许告诉家人，只能自己承担所有的酸甜苦辣。

为了完成任务，她经常放弃与家人团聚的机会。2014年，她的父亲患重病从外地来医院治疗期间，尤其是在昏迷直至去世的这段救治时间里，她因工作原因无法陪在父亲身边尽一个女儿的孝心，至今她心里仍然非常愧疚。

俞志红在服务上全身心投入，从不计较个人得失。因保健工作的特殊性，保健工作者必须24小时开机待命，无论白天黑夜、刮风下雨、严寒酷暑，即使在法定节假日也必须第一时间投入工作。加班对她来说，已经是家常便饭，经常接到任务就马上出发，甚至好几年的春节都坚守在保健一线。这些年来，她从没有休过完整的节假日，累计放弃节假日、休息日200多天。

十几年来，俞志红叱咤保健创事业，巾帼英雄比须眉。她说："让我能在这十几年日复一日、紧张繁忙的保健工作中坚持下来的，正是自己心中对保健工作强烈的责任感及忘我工作的人生宗旨。因为我是一名保健工作者，责任高于一切！"

劳模风采锦集

劳模风采（一）

劳模风采（二）

劳模风采（三）

劳模风采（四）

浙江省
浙江省五一劳
浙江省五一劳

劳模风采（五）

全国劳动模范
浙江省工人先
浙江省五一劳动
浙江省五一劳动奖
浙江省五一劳动
浙江省工人
全国劳动
浙江省工人先

劳模风采（六）

劳模风采（七）

劳模风采（八）

劳模风采（九）

劳模风采（十）

劳模风采（十一）

劳模风采（十二）

劳模风采（十三）

劳模风采（十四）

劳模风采（十五）

劳模风采（十六）

劳模风采（十七）

图书在版编目（CIP）数据

新常态下卫生计生系统工会工作的实践与思考 / 浙江省卫生计生委工会工作委员会编.—北京：中国工人出版社，2016.6

ISBN 978-7-5008-6499-8

Ⅰ.①新… Ⅱ.①浙… Ⅲ.①卫生工作－工会工作－研究－中国 ②计划生育－工会工作－研究－中国 Ⅳ.①D412.6

中国版本图书馆CIP数据核字（2016）第139977号

新常态下卫生计生系统工会工作的实践与思考

出 版 人	芮宗金
责任编辑	李　丹
责任校对	赵贵芬
责任印制	栾征宇
出版发行	中国工人出版社
地　　址	北京市东城区鼓楼外大街45号 邮编：100120
网　　址	http://www.wp-china.com
电　　话	（010）62350006（总编室）　（010）62005039（出版物流部） （010）62382916（职工教育分社）
发行热线	（010）62005996　（010）82075964（传真）
经　　销	各地书店
印　　刷	北京睿特印刷厂
开　　本	710毫米×1000毫米　1/16
印　　张	15.25
字　　数	235千字
版　　次	2016年9月第1版　2016年9月第1次印刷
定　　价	39.00元